国家自然科学基金项目资助

湖北省学术著作出版专项资金资助项目

现代航运与物流:安全·绿色·智能技术研究丛书

内河航运
船舶视觉跟踪算法

滕 飞 刘 清 著

武汉理工大学出版社

·武 汉·

内 容 提 要

　　随着网络和计算机技术的飞速发展,内河航道信息化成为航运安全监管的一种有效途径,航运视频监控系统在海事监管中发挥着越来越重要的作用。为了进一步提高航运视频监控的智能化水平,本书重点研究了基于视觉的内河船舶动态自动跟踪的算法。为了使读者系统地了解船舶动态跟踪领域的理论及算法,本书分析了船舶动态跟踪的国内外研究现状,讨论了内河船舶视觉跟踪的特点和难点,详细介绍了基于 Mean Shift、TLD(Tracking Learning Detection)、MIL(Multiple Instance Learning)、粒子滤波和压缩跟踪(Compressive Tracking)等理论构建适合内河特定场景下船舶跟踪系统的算法设计的全部研究成果。

　　本书的特点是将算法理论分析与仿真实验相结合,可以让读者清晰地掌握算法原理和应用中存在的问题以及解决问题的方向。本书内容涉及信息处理、计算机视觉、智能视频监控等领域。本书可作为计算机、自动化、信息处理和交通工程等专业高年级本科生和研究生的学习用书,也可以作为从事视频处理和智能视频分析的研发人员的参考书。

图书在版编目(CIP)数据

内河航运船舶视觉跟踪算法/滕飞,刘清著. —武汉:武汉理工大学出版社,2017.9
ISBN 978-7-5629-5494-1

Ⅰ.①内…　Ⅱ.①滕…　②刘…　Ⅲ.①内河运输-运输船-视觉跟踪-算法-研究　Ⅳ.①U697.31

中国版本图书馆 CIP 数据核字(2017)第 046159 号

项目负责人:陈军东　陈　硕　　　　　　　　责 任 编 辑:余晓亮
责 任 校 对:张　晨　　　　　　　　　　　　封 面 设 计:兴和设计
出 版 发 行:武汉理工大学出版社
社　　　　址:武汉市洪山区珞狮路 122 号
邮　　　　编:430070
网　　　　址:http://www.wutp.com.cn
经　　　　销:各地新华书店
印　　　　刷:湖北恒泰印务有限公司
开　　　　本:787×1092　1/16
印　　　　张:8.5
字　　　　数:157 千字
版　　　　次:2017 年 9 月第 1 版
印　　　　次:2017 年 9 月第 1 次印刷
定　　　　价:58.00 元(精装)

出 版 说 明

航运与物流作为国家交通运输事业的重要组成部分,在国民经济尤其是沿海及内陆沿河沿江省份的区域经济发展中起着举足轻重的作用。我国是一个航运大国,航运事业在经济社会发展中扮演着重要的角色。然而,我国航运事业的管理水平和技术水平还不高,离建设航运强国的发展目标还有一定的差距。为了研究我国航运交通事业发展中的安全生产、交通运输规划、设备绿色节能设计等技术与管理方面的问题,立足于安全生产这一基础前提,从航运物流与社会经济、航运物流与生态环境、航运物流与信息技术等角度用环境生态学、信息学的知识来解决我国水运交通事业绿色化和智能化发展的问题,促进我国航运事业管理水平与技术水平的提升,加快航运强国的建设。因此,武汉理工大学出版社组织了国内外一批从事现代水运交通与物流研究的专家学者编纂了《现代航运与物流:安全·绿色·智能技术研究丛书》。

本丛书第一期拟出版二十多种图书,分为船港设备绿色制造技术、交通智能化与安全技术、航运物流与交通规划技术、内河航运技术等四个系列。本丛书中很多著作的研究对象集中于内河航运物流,尤其是长江水系的内河航运物流。作为我国第一大内河航运水系的长江水系的航运物流,对长江经济带经济发展的促进作用十分明显。2011年年初,国务院发布《关于加快长江等内河水运发展的意见》,提出了内河水运发展目标,即利用10年左右的时间,建成畅通、高效、平安、绿色的现代化内河水运体系,2020年全国内河水路货运量将达到30亿吨以上,拟建成1.9万千米的国家高等级航道。2014年,国家确定加强长江黄金水道建设和发展,正式提出开发长江经济带的战略构想,这是继"西部大开发"、"中部崛起"之后的又一个面向中西部地区发展的重要战略。围绕航运与物流开展深层次、全方位的科学研究,加强科研成果的传播与转化,是实现国家中西部发展战略的必然要求。我们也冀望丛书的出版能够提升我国现代航运与物流的技术和管理水平,促进社会经济的发展。

组织一套大型的学术著作丛书的出版是一项艰巨复杂的任务,不可能一蹴而就。我们自2012年开始组织策划这套丛书的编写与出版工作,期间多次组织专门的研讨会对选题进行优化,首期确定的四个系列二十余种图书,将于2017年年底之前出版发行。本丛书的出版工作得到了湖北省学术著作出版专项资金项目的资助。本丛书涉猎的研究领域广泛,在这方面的研究成果众多,首期出版的项目不能完全包含所有的研究成果,难免挂一漏万。有鉴于此,我们将丛书设计成一个开放的体系,择机推出后续的出版项目,与读者分享更多的我国现代航运与物流业的优秀学术研究成果,以促进我国交通运输行业的专家学者在这个学术平台上的交流。

现代航运与物流:安全·绿色·智能技术研究丛书编委会
2015 年 8 月

前　　言

电子巡航系统通过高度整合传统的船舶交通管理系统(VTS)、船舶自动识别系统(AIS)、无线甚高频(VHF)、闭路电视监控系统(CCTV)等先进监管手段,建立了对船舶实施动态跟踪,对通航秩序进行动态管理,对重要水域实行电子化监控和全方位覆盖的统一指挥平台。其具有巡航密度高、工作强度小、反应能力强的特点,可有效提升海事监管和应急救助能力,减少船舶碰撞、搁浅等事故险情的发生。"十一五"期间,长江海事局、广东海事局、山东海事局、浙江海事局等在各内河重点水域、重点港区、重点桥区等纷纷布局了电子巡航系统,实时监控船舶航行、停泊及作业秩序,实现对船舶的航迹跟踪、安全预警、违法处置、信息服务等功能。

但目前国内的内河视频监控系统在推广应用中仍然存在一些不足的地方,最为突出的是其智能化程度还不高,仅作为场景观察、记录的工具,操控复杂,不能自动筛选信息、智能分析。需要依赖值班人员监看视频,容易产生疲劳,疏漏险情信息。而且随着监控点的不断增多,一般都有几十只甚至更多的摄像机在同时工作,有着海量的视频监控信息需要进行检索,仅靠人力显然已经无法满足实际需求。同时,船舶流量数据是海事安全监管的基础性数据,但传统的视频监控系统无法自动识别船舶,不能实现船舶流量自动统计的功能,更无法实现对重点船舶或严管航段船舶的轨迹进行自动跟踪,判断船舶是否存在违章行为。随着人工智能和大数据技术的迅猛发展,计算机视觉应用不断成熟和扩大,研究内河航运视频智能分析成为重要的研究方向。本课题组在国家自然科学基金项目的支持下,专门针对内河航运视频监控系统的船舶视觉检测和跟踪技术进行了深入的研究,将研究成果撰写成《内河航运中运动船舶视觉检测算法》和《内河航运船舶视觉跟踪算法》两本著作。

《内河航运船舶视觉跟踪算法》这本著作共 8 章,专门针对内河环境,从船舶特征和船舶运动特性入手,研究经典和热门的跟踪算法在内河航运中的应用,经过算法的理论分析和大量的对比试验分析,提出了适合于内河航运的船舶视觉跟踪算法。本书从理论和实验两个方面详细介绍了 5 种典型的视觉跟踪算法,既是一本研究内河船舶视觉跟踪算法的专门著作,也是计算机视觉方向的读者学习视觉跟踪算法的参考书。本书的主要内容如下:

第 1 章简述了内河航运中船舶视觉跟踪的重要意义和作用,阐述了内河船舶视觉跟踪系统的组成、特点和难点以及视觉跟踪算法性能的评价指标,重点分析了视觉跟踪算法的分类和国内外发展现状,以及内河船舶视觉跟踪算法的国内外研究现状。最后介绍了笔者及其团队为内河航运船视觉跟踪算法研究所建立的跟踪标准库,详细介绍了该跟踪库的内容及其库视频的特性,这一工作填补了内河航运船舶视觉分析没有标准库的空白。

第 2 章介绍应用经典的滤波理论——卡尔曼滤波和粒子滤波来研究船舶视觉跟踪算法,主要是让读者了解视觉跟踪算法的基本思路和框架。

第 3 章介绍应用目标跟踪算法中最为成熟的 Mean Shift 跟踪算法来实现内河船舶跟踪。通过对基本 Mean Shift 算法原理分析和扩展的 Mean Shift 算法介绍,全面分析了 Mean Shift 算法的原理和性能。最后设计了基于 Mean Shift 的内河船舶视觉跟踪算法。

在第 4 章中,受目标检测算法中 MIL(Multiple Instance Learning)算法启发,设计了一种在线加权 MIL 内河船舶视觉跟踪算法。详细分析了算法的基本原理和算法的性能。

第 5 章基于 CT(Compressive Tracking)算法,提出了一种基于随机投影的内河船舶视觉跟踪算法。详细介绍了随机投影理论和视觉跟踪算法的原理,重点从理论上分析了随机投影内河船舶视觉跟踪算法的性能。

第 6 章针对船舶运动过程中包含尺度变化的外观变化时,提出正交粒子滤波低秩约束随机投影(简称 LRCT)内河船舶跟踪算法,解决船舶外观变化或遮挡情况下导致跟踪失败的问题。详细介绍了该算法的原理,对算法性能进行了理论分析。

第 7 章针对内河航运环境中背景杂乱、光照变化干扰下正交粒子滤波低秩约束随机投影(LRCT)算法不能实现鲁棒跟踪的问题,受 TLD 算法启发,提出跟踪监测协同(LSTLD)的内河船舶视觉跟踪算法。本章详细介绍了算法原理和算法性能的理论分析。

第 8 章是前面第 3~7 章介绍的 5 种算法的船舶跟踪实验分析。作者在由

400 段不同背景、不同尺度变化、不同光照等干扰的 CCTV 视频序列构成的内河船舶跟踪数据库上进行了跟踪算法的对比实验,并进行了实验分析。

本书由滕飞博士和刘清教授编著,课题组郭建明教授,武汉理工大学自动化学院硕士研究生梅浪奇、路萍萍、周雅琪、熊燕帆、叶玲利、江源远、黄明晶、朱琳、高雪瑛、贾磊、陈志华等也参与了相关资料收集、视频采集、整理校对、实验样本的标记加工等工作。本书的算法实验中需要采集大量的内河航运监控视频,得到了长江海事局、广东海事局等的大力支持和协助,同时也得到了武汉理工大学航运学院文元桥教授和郝勇副教授的支持和协助,在此表示衷心感谢。

本书内附内河船舶视频跟踪标准库的光盘。

本书的出版得到了国家自然科学基金项目"面向电子巡航的内河视频智能分析算法研究"(编号为 51279152)资助。

由于作者水平有限,书中难免有疏漏和不妥之处,恳请读者批评指正!

作　者
2017 年 7 月

目　　录

1 概　　论

1.1　引言

水路运输具有运量大、成本低、能耗小、投资省、污染少等优点,在国家综合运输体系中有着举足轻重的地位[1,2]。我国属于 IMO(International Maritime Organization)A 类理事国,水运资源极其丰富,总共包括 1.8 万 km 海岸线及 13.51 万 km 内河航道。内河航道横跨 21 省,通航总里程达到12.31万 km,形成"两横一纵两网十八线"的内河水运格局:最北部的黑龙江水系境内全长超过 3420km,流域面积大约为 25.48 万 km²,通航里程达到0.85万 km,径流总量超过 2709 亿 m³。其最大支流松花江水系全长达到 1927km,流域总面积超过 54.5 万 km²,占东北地区总面积的 60% 以上,为东北地区的经济大动脉。干流流经江苏、安徽、河南三省的淮河是我国第三大河,全长 1000km,总落差 200m,淮河流域分成淮河和沂沭泗河两大水系,流域面积分别为 19 万 km² 和 8 万 km²,淮河水系的通航里程超过 1.88 万 km。珠江水系为我国第三长河流,全长 2320km,年流量位居全国第二,年平均径流量约 3492 亿 m³,流域面积约 44 万 km²,通航里程超过 1.82 万 km[2]。长江是我国第一长河(位居世界第三),横跨我国东、中、西部三大经济区总共 19 个省、自治区、直辖市,流域总面积达到 180 万 km²,约占我国国土面积 1/5(18.8%),通航里程达到 6.64 万 km,其巨大运能和区位优势有力地促进了沿江经济带朝着外向型经济方向迅猛发展。自 2009 年以来,长江干线航道年运输量均超过 6 亿 t。与此同时,三峡工程的兴建显著改善了长江干线的通航条件,单向运输能力提升 4 倍,运营成本降低 1/3,使长江在我国水上交通运输事业上真正发挥"大运量-低成本"黄金水道的作用,这对加强东西部物资流动以促进经济交流、加快西部经济发展以改善工业格局具有深远的意义[3-6]。

我国非常重视内河航运的发展,2009—2015 年全国水路货运量和内河建设投入情况见表 1-1,每年对内河建设投入大幅度增加。交通运输部综合规划司发布的《2015 年公路水路交通运输行业发展统计公报》将加速内河航运发展作为提升国家综合运输产业的重点内容,同时规划了"十三五"内河航运发展纲要以提升内河航道运输的作用和地位。

表 1-1　　2009—2015 年全国水路货运量及内河建设投资额

	2009 年	2010 年	2011 年	2012 年	2013 年	2014 年	2015 年
全国水路货运量（亿 t）	31.90	37.89	42.60	45.87	55.98	59.83	61.36
全国内河建设投资额（亿元）	301.57	334.53	397.89	489.68	545.97	508.12	546.54

随着内河航运事业的迅猛发展，为了满足日益增长的内河航运运力需求，一方面内河航道等级逐渐提高，另外一方面船舶也朝着大型化高速化方向发展。但是因为自然条件的差异，有些内河航段狭窄、弯曲、险浅，内河航行船舶也十分杂乱，不仅数量多、尺度差别大，而且船型种类有 3000 多种，通航环境复杂。随着我国经济快速发展，巨大的运输需求使内河航道的通航流量不断增加，船舶密集范围迅速扩大，跨境长距离运输船舶增多。运输船舶拥挤和大船进入低等级航道，导致内河航运事故时有发生，造成巨大的人力财力损失[16]。显然日益增长的航运量与维护航道通畅有序的矛盾日益突出，许多区域内河航道以巡逻艇和执法车为主的管理模式受到了极大的挑战。

《国家中长期科学和技术发展规划纲要（2006—2020 年）》中明确提出，为促使内河航运事业安全、快速、协调、绿色、和谐发展，将重点研究水上安全监管系统关键技术、船舶航行安全监控关键技术、危险品运输船舶监控关键技术、船舶避碰关键技术以实现对在航船舶主动避碰、交通安全监控及航行安全规划。时任国务院副总理张德江同志在长江海事局调研时强调，要制定更有力的政策措施建设集事故预防、安全监管、决策支持、现场指挥于一体的现代化内河航运安全监管体系，促使内河航运安全监管朝网络化、信息化、智能化、集成化的方向快速发展以满足内河航运安全监管全方位覆盖、全天候运行、效率提升的需求。中国海事局 2015 年也下发了《取消船舶进出港签证及海事监管模式改革实施方案的通知》，明确规定：2015 年内取消船舶进出港签证制度，通过科技手段强化对船舶动态的全程监控。

国际上比较成熟的内河航运安全监管体系包括美国的内河智能系统（Intelligent Waterway System，IWS）、欧盟的内河信息服务系统（River Information Service，RIS）及英国的运河自动观测系统（Automatic Remote Grand canal Observation System，ARGOS）[7-11]。IWS 系统开发了船舶类型自动识别及多源信息实时共享功能，并基于运输信息网络搭载先进导航设备实现内河航运实时监管并提供其他综合信息服务[7,9]。RIS 系统将 VTS、AIS、CCTV、GIS、GPS 系统无缝集成与协同共享,为在航船舶提供河海直达、联运信息服务[7-9]。ARGOS 系统能够检测和跟踪运动船舶,估计船舶位置、速度及航向等动态信息;将不同摄像头获取的图像动态重建出真实 3D 场景;自动检测及分析船舶异常行为,自动激活最近邻摄像头对可疑船舶重点跟踪[8]。ARGOS 系统超高的信息化、智能化水平代表了当今世界内河航运安全监管科技的最高水平[12]。

在我国,长江海事局自 2006 年起投入运营了由"重点港口 VTS 系统,重点水域 CCTV 系统,重点船舶 GPS 系统"构成的长江水上交通管理信息系统,在一定程度上提高了航运监管的准确性和自动化水平,航道交通拥堵压力得到有效缓解。从 2011 年 7 月 1 日起,长江海事局在长江干线武汉、芜湖等区段实施电子巡航系统试点。与 ARGOS 系统类似,电子巡航系统有效集成了 GIS、VTS、AIS、GPS、CCTV 等子系统。此外,还配套了由长江海事信息网络、长江海事数据中心共同构建的现代化巡航、监控、预警平台。电子巡航系统通过对船舶航迹动态跟踪实现对船舶航行状况、停泊情况及作业秩序的实时监控,提供信息服务、安全预警、违法处置等功能。长江干线电子巡航试点区域船舶违章情况显著下降,违章纠正率显著提高,安全监管效率显著提升,监管成本显著降低,电子巡航是长江海事安全监管的一次变革[13-15]。

在 ARGOS、电子巡航等系统中,实现船舶动态监控的主要技术手段是雷达、AIS 和 CCTV 系统,表 1-2 将这三种动态监控方式进行了对比。从表 1-2 不难发现,各种监控系统都有其局限性,但整体而言,基于 CCTV 系统的内河船舶监控表现出明显的优势和更广阔的发展前景,主要体现在以下几个方面:

表 1-2　各种监控系统比较

监控系统	雷达	AIS	CCTV
工作原理	利用目标对电磁波反射探测目标位置	船与船、船与岸语音、文本等交互通信实现信息共享	可见光摄像头传感器监控
使用环境	被监控水域建立雷达站,联网	被监控水域建立 AIS 基站,配备船台设备	配置 CCTV 监控摄像头,联网
功能	持续扫描探测目标位置,将探测结果反映在电子海图上	连续提供船舶船名、呼号等静态信息及船速、航向等动态信息	监控录制、备份、回放和刻录等

续表 1-2

监控系统	雷达	AIS	CCTV
优点	空旷场景下能够精确定位目标位置	船舶位置、速度测量结果精确可靠,不受气象及其他航况干扰	准确、直观,监控范围自由切换,投资收益比高
缺点	①无法确定探测目标是否为船舶; ②易受杂波及其他电磁干扰; ③存在探测盲区	①仅 300t 以上船舶强制安装 AIS; ②来源于 GPS 的船舶身份信息易受临近波段干扰造成丢包现象	①完全依赖人工观察、判断和决策; ②易受光照和气象环境的影响

(1) 从作用范围来说,由于只有总吨位在 300t 以上的船舶强制安装 AIS,所以无法对没有安装 AIS 的船舶进行实时动态监控。同理,当 AIS 出现故障或船员故意关闭 AIS 时,船舶也将脱离监控系统的指挥和控制。雷达以固定俯仰角对航道区域进行扫描,受最小作用距离限制,靠近雷达站水域将出现探测盲区,与此同时,航道河岸、岸边建筑物、群山、峡谷对雷达电磁波信号干扰严重,雷达几乎无法正常工作。在重点水域布置的 CCTV 系统通过调整前端摄像头云台能够自由切换监控范围,实现对在航船舶全方位、无盲区的动态追踪及监管。

(2) 就投资效益比而言,中小型船舶难以承受价格昂贵的 AIS 系统,采用建立雷达子站互相覆盖彼此盲区的方式会使投资成本显著增加。CCTV 系统仅需在岸边或者桥上布置一定数量的摄像头传感器就能实现对重点水域船舶动态及现场交通态势的有效监控。

(3) 雷达和 AIS 系统探测出的目标船舶在电子海图上成像为光点,不形象直观。CCTV 摄像头虽易受光照和气象环境的影响,但采集的目标船舶特征信息远比雷达和 AIS 系统丰富,因此更有利于实现对目标船舶的动态监控。

(4) 80% 以上的船舶互撞、船桥相撞事故与人为因素有关,而人类通过视觉系统能获取 70% 以上的感知信息。CCTV 系统能够为工作人员提供大量可靠、直观的信息,减小发现及追踪船舶过程中失误的概率,尤其是提升工作人员在恶劣天气条件下的工作效率。

(5) 图像处理、模式识别、计算机视觉、机器学习、人工智能等领域的迅猛发展,促进了基于视觉的运动目标分析在内河航运安全监管智能化领域的深入应用,压缩感知、深度学习等新技术在船舶检测、识别等领域应用取得了巨大的成功,为基于视觉手段实现内河船舶动态监控带来很多启示。

船舶跟踪系统是实现内河航运安全监管系统的核心,主要体现在两个方面:一是船舶是内河航运安全监管系统的最重要目标,鲁棒的船舶跟踪是实现对内河全方位、全天候、无盲区、无漏洞的动态监管的重中之重。二是鲁棒的船舶跟踪也是实现对船舶逆行、追越、违章停靠等异常行为进行分析的前提,为最终实现对船舶行为的理解和决策奠定基础。

基于视觉的运动目标分析系统通常包含三种层次的视觉任务:一是在数据流中检测运动目标;二是对感兴趣的运动目标进行实时动态跟踪;三是识别、分析及理解感兴趣目标的行为。其中,检测运动目标属于底层视觉任务,跟踪感兴趣运动目标属于中层视觉任务,分析和理解感兴趣运动目标的行为属于高层视觉任务。本书重点分析和阐述的内容为构建基于视觉的内河船舶跟踪系统,它是构建智能化内河航运安全监管体系的核心,也是 IWS 系统、RIS 系统、ARGOS 系统、长江水上交通管理信息系统、电子巡航系统的重点难点问题。动态分析船舶航行轨迹便于统计重点水域交通流信息,提前预警禁航、限航及事故多发危险区域,也能对船舶逆行、追越、违章停靠、在安全航道外航行等违规行为进行实时评估。与被广泛研究的天空、海洋和地面场景相比,内河场景极为复杂,既包括前景目标船舶,还包括天空、河面、群山、峡谷、沿岸建筑物等背景,因此本书介绍的内河船舶跟踪系统研究成果也可以为其他简单场景提供有效借鉴。

1.2　国内外研究现状

基于视觉的内河船舶监控系统的一般流程如图 1-1 所示。在内河航道两岸或者桥上布置一定数量的 CCTV 可见光摄像头,实时采集内河航道视频流数据,经过网络传输至水上交通指挥中心或海事局等管理部门,在设备终端执行船舶跟踪算法实时获取船舶运动轨迹以实现对目标船舶的实时监控。长江水上交通管理信息系统和电子巡航系统自实施运营以来,在全国重点水域已陆续建立全方位覆盖的 CCTV 监控系统[13-14]。以江苏省为例,截至 2015年 8 月已在南通、苏州等航段累计建设 CCTV 监控点 4000 多个,监控范围超过 1000km[17]。

因此内河船舶自动跟踪系统需要回答以下两个方面的问题:第一,What to track?(即确定跟踪什么目标);第二,Where do they act?(即判断目标在当前时刻处于何处)。第一个问题对应于船舶跟踪算法的初始化步骤,在本

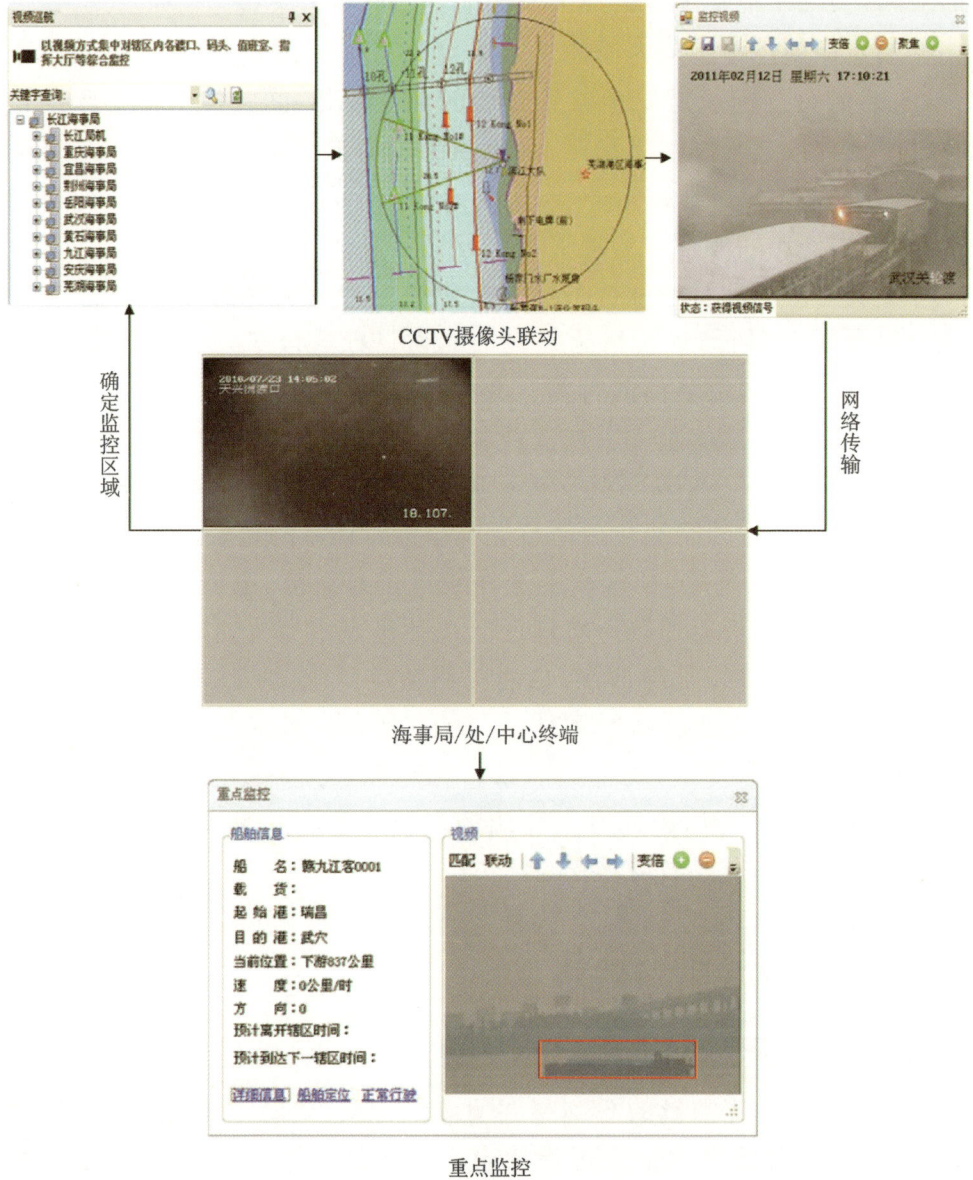

CCTV摄像头联动

确定监控区域

网络传输

海事局/处/中心终端

重点监控

图 1-1　CCTV 监控系统流程

质上属于目标检测范畴,因此可以用比较成熟的智能船舶检测算法[18-19]来解决。另外一种更简单直接的方式是通过人机交互获得,即由观测者手工标定出需要跟踪的目标船舶。假设在初始状态下已通过上述两种方式之一获得目标的初始化信息,第二个问题的目标便是在后续图像序列中确定出目标船舶在当前帧的位置。

1.2.1　内河船舶视觉跟踪研究现状分析

内河船舶视觉跟踪方向研究团队和学者相对较少,公开的研究成果也不多。查阅到的相关文献[20-29]中,实现内河船舶跟踪系统最常采用的策略是将船舶轨迹动态跟踪问题视为贝叶斯框架下状态最优估计问题[30],即在图像序列中递归地寻求目标船舶在当前帧的最优状态。具体来说,假设目标船舶动态时变系统数学模型可由式(1-1)和式(1-2)表示:

$$s_t = f_t(s_{t-1}, v_{t-1}) \tag{1-1}$$
$$z_t = h_t(s_t, n_t) \tag{1-2}$$

式(1-1)描述的是系统的状态模型,称之为状态方程;式(1-2)描述的是系统的观测模型,称之为观测方程。系统状态变量 s_t 描述的是目标船舶在第 t 时刻的状态量,可以包括位置、尺度及旋转角度等;系统观测变量 z_t 描述的是目标船舶在第 t 时刻的观测值,如目标船舶颜色、轮廓、面积等;f_t 和 h_t 表示定义于系统状态变量的线性或者非线性函数,v_{t-1} 和 n_t 分别表示独立于系统状态变量的过程噪声和观测噪声。因此对目标船舶的动态跟踪问题就转化为 $p(s_t \mid z_{1:t})$ 优化问题,由贝叶斯理论可得:

$$p(s_t \mid z_{1:t}) \propto p(z_t \mid s_t) p(s_t \mid z_{1:t-1}) \tag{1-3}$$

其中

$$p(s_t \mid z_{1:t-1}) = \int_{s_{t-1}} p(s_t \mid s_{t-1}) p(s_{t-1} \mid z_{1:t-1}) \mathrm{d}s_{t-1} \tag{1-4}$$

式(1-4)中,状态转移密度 $p(s_t \mid s_{t-1})$ 描述了目标船舶状态在连续图像帧之间的动态传播,可由式(1-1)所示状态方程确定;观测似然概率密度 $p(z_t \mid s_t)$ 描述了某一候选图像区域属于目标船舶的概率,可由式(1-2)所示观测方程确定。确定 $p(s_t \mid s_{t-1})$ 及 $p(z_t \mid s_t)$ 后,便可以根据式(1-3)表达出后验概率密度函数 $p(s_t \mid z_{1:t})$。后验概率密度函数 $p(s_t \mid z_{1:t})$ 包含了目标状态最小方差估计、极大似然估计所需的全部统计信息,因此也就实现了对目标船舶在第 t 时刻的最优状态 s_t 的求解,基于贝叶斯状态估计的内河船舶跟踪系统框架如图 1-2所示。

基于上述思想,文献[23,28,31-32]提出基于卡尔曼滤波技术的内河船舶跟踪算法。具体做法是利用卡尔曼滤波技术连续预测船舶轨迹参数,通过不断观测更新轨迹参数来确定跟踪点在下一时刻的位置,并由此对预测轨迹间的相对关系进行建模以提高跟踪精度。为了解决船舶相互遮挡时容易漂移的问题,文献[28,31]提出将卡尔曼滤波作为短期跟踪器并与检测算法相融

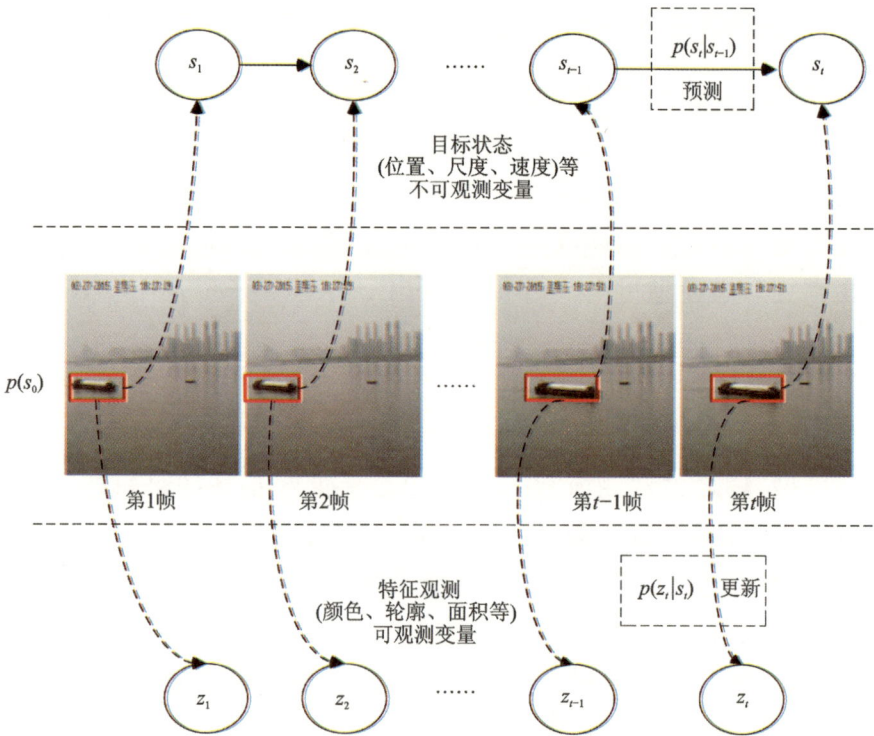

图 1-2　基于贝叶斯状态估计的内河船舶跟踪系统框架

合的内河船舶跟踪算法。首先,基于内河船舶运动缓慢的特点,将目标船舶的运动假设为匀速直线运动。其次,假设已知目标船舶在 t 时刻的状态及误差协方差矩阵,通过卡尔曼滤波预测目标船舶在 $t+1$ 时刻的状态和误差协方差矩阵,当获得 $t+1$ 时刻观测值后更新状态矩阵以估计目标船舶在下一时刻的位置,如此迭代下去以达到持续跟踪的效果。为了提升光照变化、遮挡干扰下船舶跟踪精度,文献[22,24,26,28,33]提出基于粒子滤波的内河船舶跟踪算法。首先在线性运动约束条件下构建目标船舶运动模型,其次将船舶的亮度特征与运动特征进行融合以构建船舶状态观测模型。多特征融合方式能够更有效地表达目标船舶,因此跟踪精度与单一特征构建的观测模型[23,32]相比有明显的提高。

上述基于贝叶斯状态估计的内河船舶跟踪算法具有灵活、易于设计、易于实现的优点,但构建的内河船舶跟踪系统仍然存在诸多局限性,主要表现在以下几个方面:

(1)对运动模式复杂的目标船舶跟踪适应性较差。上述内河船舶跟踪算法中动态模型都非常简单,往往都将目标船舶的运动约束为匀速直线运动,因此当目标船舶运动过程中有较大的速度或加速度变化时,容易出现跟踪漂移的情况。特别是当目标船舶在相邻航道拐角处转弯,或目标船舶作业时发生平面内旋转等情况,都极易出现跟踪失败。因此,非常有必要对目标船舶的动态模型进行深入探讨和研究。

(2)当目标船舶外观发生显著变化时跟踪精度较低。当目标船舶运动过程中经历光照变化、背景杂乱、尺度变化、遮挡等干扰造成外观变化时,由于上述内河船舶跟踪算法对目标船舶表达不够充分,导致提取的船舶特征判别性能不高,不能适应船舶的外观变化。与此同时,也容易导致设计的观测模型无法执行准确的观测更新,会逐渐累积跟踪误差而发生跟踪漂移甚至跟踪失败。因此,也非常有必要探索更有效的目标船舶表达方式及设计抗干扰性更强的系统观测模型。

(3)实时性通常较差。这主要是因为卡尔曼滤波、粒子滤波等状态估计算法以牺牲算法实时性为代价提升算法精度。以基于粒子滤波的内河船舶跟踪算法为例,为了提升跟踪精度,会使用相当数量的粒子估计目标船舶运动状态,但状态预测及更新步骤都非常耗时,特别是当要同时估计目标船舶位置、速度、尺度、旋转角等状态量时,算法复杂度会呈指数级增长。因此,提高基于贝叶斯状态估计的内河船舶跟踪算法的实时性也是需要解决的重要问题。

随着数据挖掘、机器学习等领域的迅猛发展,视觉跟踪(Visual Tracking)技术在近些年取得了突飞猛进的成果,为设计更有效的基于视觉的内河船舶跟踪系统提供了宝贵的技术指导。

1.2.2　视觉跟踪算法现状分析

按照不同的角度,可以将视觉跟踪算法按不同的方式进行分类。根据跟踪目标数量,可分为单目标跟踪和多目标跟踪;根据跟踪目标构成情况,可分为刚性目标跟踪和非刚性目标跟踪;根据目标定位输出确信度,可分为确定性目标跟踪和概率性目标跟踪等。图1-3详尽地描述了各种不同跟踪算法的分类。

特别地,文献[34]按照目标的描述信息(点、线、面)类型不同将视觉跟踪算法分为三大类:基于点的跟踪、基于线的跟踪和基于面的跟踪。由于文献是从技术实现角度对视觉跟踪算法进行分类,因此该分类方法近年来被视觉跟踪领域研究者广泛认可和采纳。

基于点的视觉跟踪算法主要利用目标区域中显著特征点来表达目标,通过对特征点在相邻图像中的相关性进行检测和关联以实现对目标的跟踪,

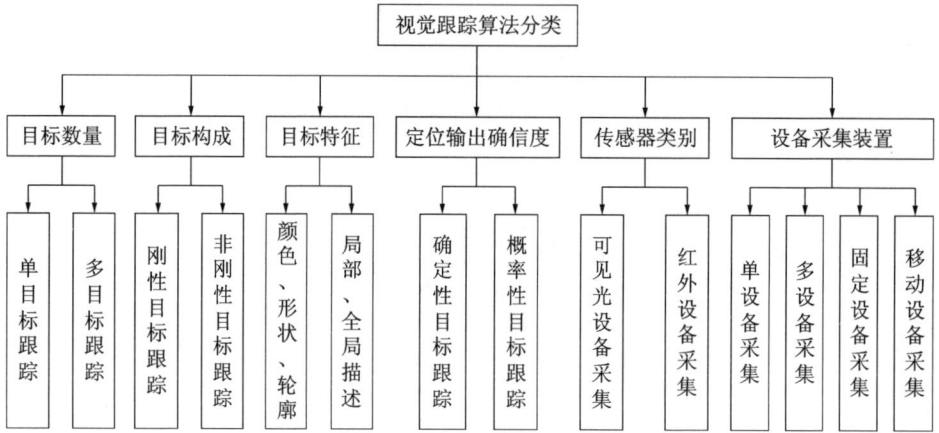

图 1-3　视觉跟踪算法分类

图 1-3包含的确定性和概率性跟踪算法就属于此类方法。基于线的视觉跟踪算法主要利用目标的轮廓或边缘信息来表达目标,通过对轮廓或边缘的形状匹配以跟踪感兴趣目标。基于面的视觉跟踪算法对整个目标区域的外观进行建模,通过建立动态模型或判别模型等策略以实现目标跟踪的目的。在被广泛使用的视觉跟踪标准数据库[34-39]上,基于面的视觉跟踪算法性能明显高于其他两种类型,因此逐渐成为视觉跟踪领域的主流方向。

　　一个典型的基于面的在线视觉跟踪系统(图 1-4)主要包含四个基本部分:运动模型、外观模型、搜索机制和在线更新。运动模型描述的是跟踪目标随着时间推移状态的改变状况,旨在通过对相邻帧间目标运动状态的改变进

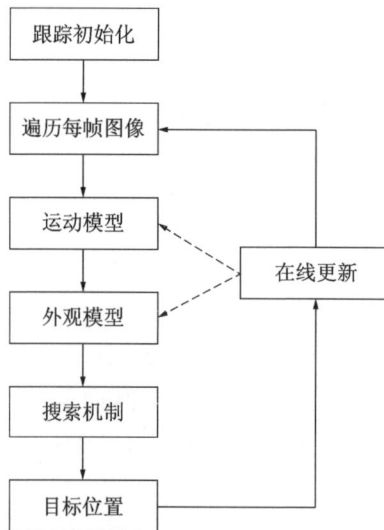

图 1-4　基于面的在线视觉跟踪系统

行建模以预测目标在下一帧中所有可能出现的区域,前文所述的卡尔曼滤波、粒子滤波算法就是经典的运动模型。外观模型提取候选区域视觉特征(如前文所述的灰度特征、颜色特征、运动特征等),通过匹配或分类手段判别候选图像区域属于目标的概率。搜索机制是在当前帧中寻找目标位置的探测方式,如地毯式搜索、由粗到精搜索等。在线更新机制的目标是寻求外观模型可塑性和稳定性的平衡。一方面,可塑性要求外观模型要自适应跟踪目标在运动过程中所有可能的外观变化;另一方面,稳定性要求避免用包含噪声的观测数据更新外观模型而发生跟踪漂移。模板更新、在线分类器更新是常见的外观模型更新方式。

不难发现,在基于面的在线视觉跟踪系统中,外观模型和在线更新机制处于核心地位,因此如何设计鲁棒的外观模型是基于面的视觉跟踪算法的关键。按照对目标外观的不同建模方法,外观模型可分为生成模型、判别模型和混合模型三种类型。

生成模型仅仅考虑目标的外观,将跟踪问题转化为通过在候选图像区域中按照某种相似性度量方式寻求与目标重构误差最小的区域。常见的生成模型类视觉跟踪算法包括基于稀疏表示的视觉跟踪算法和基于子空间的视觉跟踪算法。

均值漂移(Mean Shift)算法[40]主要利用梯度上升思想寻找局部最优值以实现对非参数模型的估计。文献[41,42]提出用核化的 RGB 颜色直方图表征感兴趣目标,采用巴氏系数作为度量图像区域相似度的函数,将跟踪问题转化为在当前帧目标候选区域搜索与目标 RGB 颜色直方图特征最为相似的区域。该算法收敛速度快,对目标旋转等外观变化有较强的鲁棒性,但是在目标经历背景杂乱、尺度变化、遮挡等情况下精度较差。为了提升均值漂移算法对目标尺度变化的鲁棒性,文献[43]提出将尺度空间理论嵌入均值漂移算法中。为了提升均值漂移算法对背景杂乱、遮挡干扰的鲁棒性,文献[44]提出通过融合目标的颜色和纹理直方图特征以更好地表达目标。类似地,文献[45]提取目标局部区域的稀疏编码特征,巧妙地将目标视觉特征信息和空间信息进行有效融合。文献[46]提出了一种分块均值漂移跟踪算法,利用不同子块的加权投票分数以降低遮挡干扰对跟踪结果的影响。文献[47]提出新的相似度判别函数代替巴氏系数以更加充分地利用目标空间信息。

继 David Donoho 等人于 2006 年奠定了压缩感知理论基础[48]后,基于稀疏表示的视觉跟踪方向受到持续关注,得到了广泛研究。文献[49]提出 l_1 最小化稀疏表示跟踪算法。该方法假设感兴趣运动目标可由目标模板字典及遮挡模板字典进行稀疏表示,目标模板根据目标运动过程中的外观变化自动更新,遮挡模板仅在目标经历遮挡情况下更新,再采用Lasso算法求解l_1最小化求取稀疏表示系数。文献[50]提出通过多个主成分分析子空间作为目标模板以改善文献[49]中基于灰度的目标模板无法准确表示目标在运动过程中外观变化的问题。该方法准确度较文献[49]有所改善,但算法时间复杂度高,实用性降低。为了提升算法实时性能,文献[51]提出使用加速梯度近似算法代替Lasso算法求解l_1最小化问题。文献[52]提出通过l_0最小化实现对稀疏表示系数的快速求解,同时通过对遮挡模板进行分块降低稀疏来表示字典的大小从而进一步提升算法的效率。

基于子空间的视觉跟踪算法的主要思想是学习某种投影变换以实现将高维特征空间投射到低维特征空间,投影特征能够保留高维特征空间的整体、局部距离或判别性等。文献[53]通过离线训练若干子空间构建感兴趣运动目标的外观模型,不同子空间是从不同角度对目标进行建模的,并且假设这些子空间在跟踪过程中保持不变。由于需要事先采集大量目标模板以囊括目标所有可能的外观变化,因此在实际应用中并不适用。为了避免预先学习子空间,文献[54]提出在贝叶斯推理框架下,使用增量式主成分分析方法在线学习感兴趣目标的外观模型。为了解决单一主成分分析子空间对目标描述不够充分的问题,文献[55]提出增量式多流形子空间模型以在线学习多个主成分分析子空间。若当前子空间数目超过预先设定的可保留子空间数目时则将最为相似的一组主成分分析子空间进行合并。上述子空间视觉跟踪算法仅利用了目标信息而忽视了背景信息,基于此,文献[55]提出了增量式线性判决分析方法将背景信息融入子空间建模中。子空间视觉跟踪算法通常都假设数据服从某种形式的高斯分布,如主成分分析子空间算法假设样本的总体概率服从高斯分布,线性判决分析算法假设样本的类条件概率服从高斯分布,但是在实际应用中数据分布极为复杂,很难满足上述假设,所以基于子空间的视觉跟踪算法的跟踪结果往往是不稳定的。

基于判别模型的视觉跟踪算法将跟踪问题看成二类(前景/背景)分类问题,旨在通过寻求不同类型间的最优判别函数实现将目标从背景中分离出来。通常情况下,在目标运动过程中,目标和背景的外观都在发生实时变化,判别函数作用域特征集合也在发生相应变化,所以此类视觉跟踪算法的准确性和稳定性在很大程度上依赖于所构建判别模型对目标和背景外观变化的适应能力。判别模型视觉跟踪算法主要分为两类:一是基于像素/超像素的判别模型跟踪;二是基于检测的判别模型跟踪。

像素/超像素判别模型视觉跟踪算法的主要思想是对当前帧图像搜索区域中的像素/超像素进行分类以获得感兴趣运动目标的置信图,再通过在线搜索机制精确定位目标位置。基于提高目标和背景对比度的思想,文献[56]提出利用最大化目标和背景的特征分布方差比选择最具判别性的特征以实现鲁棒跟踪的目的。文献[57]提出了一种像素分类集成判别跟踪算法,主要思想是将多个子分类器(弱分类器)按照某种方式组合为一个判别能力更强的父分类器对像素进行分类。其在线更新机制利用新数据训练的子分类器取代前期子分类器以更大程度地适应目标和背景在运动过程中的外观变化。为了提高对像素的分类能力,基于霍夫投票思想,文献[58]提出在线随机森林像素分类判别跟踪算法,在线随机森林强分类器的引入使算法能更精确地分离前景和背景像素。上述像素分类判别跟踪算法的优点是速度快,在目标和背景区域特征分布有较大差异时准确性和稳定性较高。缺点是判别模型中缺乏对感兴趣目标有效的结构描述信息,导致其在遮挡、尺度变化和背景杂乱干扰情况下性能较差。为了解决此问题,文献[59]提出超像素分类判别跟踪算法,主要思想是将目标的空间结构特征以中层视觉信息感知的方式有效地融入判别模型中。该算法的优点是对遮挡、背景杂乱等干扰表现出较强的鲁棒性,但是算法整体时间复杂度太高,很难用于解决实际问题。

检测判别模型跟踪算法将跟踪问题转化为局部区域范围内的检测问题,该类算法的主要任务是设计高精度的在线学习分类器。因此,检测判别模型跟踪算法与机器学习分类器联系紧密,如支持向量机、多实例学习、结构学习、多核学习等前沿机器学习算法都被广泛用于检测判别模型跟踪算法中。文献[60]提出一种支持向量机判别模型车辆跟踪系统。具体做法是在图像区域中大规模采样车辆正样本和非车辆负样本以训练支持向量机分类器,利用该分类器在后续图像序列中进行局部搜索以精确定位目标车辆。提升算法[61]简单、易于实现,利用目标简单特征便能构建准确性较高的强分类器,在目标检测尤其是人脸检测领域取得了巨大的成功。受此启发,文献[62]通过将传统的自适应提升算法在线化,提出了在线自适应提升跟踪算法。为了进一步提高算法的准确性和鲁棒性,文献[63]在文献[62]的基础上,通过将在线自适应跟踪算法嵌入半监督学习框架下,提出了半监督提升跟踪算法。上述方法在分类器构建及更新过程中会遇到样本二义性问题,带有噪声的训练样本会使分类器精度降低,最终造成跟踪漂移或失败。为了解决此问题,文献[64-65]提出多实例学习判别跟踪算法,主要思想是将训练样本封装成"包"的形式,通过最小化"包"似然损失函数实现特征选择,显著降低了在遮挡、背景杂乱干扰下样本二义性问题带来的跟踪漂移。文献[66]提出跟踪-学习-检测相结合的判别跟踪算法,此算法的跟踪器和检测器独立运行,通过 P-N 学习机制搭建跟踪与检测的桥梁,最终实现对目标的长期鲁棒跟踪。

1.3　内河船舶视觉跟踪系统分析

随着计算机和人工智能理论和技术的飞速发展,基于视频序列的目标跟踪研究已经兴起。但船舶视觉跟踪系统与相对成熟的车辆跟踪系统、行人或人脸跟踪系统相比还是有很多的不同。

1.3.1　内河船舶视觉跟踪系统的特点

船舶视觉跟踪系统在功能上不同于一般的视频监控系统。以传统的银行、超市等典型视频监控系统为例,其主要目的是记录一段时间内场景的存在模式,即其"跟踪"的对象是视角范围内的所有物体,比如超市所有走动的顾客都是其跟踪的目标。这种方式的视频监控系统主要用途是事后分析,比如超市商品丢失或者银行取款机遭到破坏等,由观察者通过人眼进行判断。现在也有部分银行、超市使用现代具有预警、报警等功能的智能视频监控系统,即能够捕捉场景内的异常行为(比如顾客将商品直接放进兜里)并自动分析决策。船舶视觉跟踪系统与上述两种视频监控系统的不同点主要有两方面:一是跟踪对象是手动选择或者由船舶检测算法初始化的重点船舶,与传统视频监控系统相比更聚焦于某一对象,因此目标更集中,任务更明确。二是与现代视频监控系统相比,船舶视觉跟踪系统的输出是船舶运动的轨迹,不涉及对船舶行为的分析和理解,因此无法实现对船舶异常行为的自动决策。然而,船舶视觉跟踪系统是实现内河航运安全监管系统智能化的核心,主要体现在两个方面:首先船舶是内河航运安全监管系统最重要的目标,鲁棒的船舶跟踪是实现对内河全方位、全天候、无盲区、无漏洞的动态监管的重中之重。其次鲁棒的船舶跟踪也是实现对船舶逆行、追越、违章停靠等异常行为分析的前提,为最终实现对船舶行为的理解和决策奠定基础。

船舶视觉跟踪系统与相对成熟的车辆跟踪系统、行人或人脸跟踪系统的实现技术手段不同。车辆和船舶都是刚性目标,因此在构建目标外观模型时都可以利用目标轮廓等全局特征。但是车辆视频采集一般使用快速高清摄像头,目标车辆距离摄像头的距离一般在几十米范围内,而内河 CCTV 摄像头距离目标船舶一般都为几百米至几千米。因此,车辆视频较内河船舶视频清晰度高,对比度好,更利于提取目标的特征建立跟踪模型。而且车辆跟踪系统往往还可以依赖于车牌、车辆前后视镜等固有特征辅助跟踪,而船舶没有此类明显特征。与此类似,行人跟踪时可以利用头部、四肢等的运动特点,人脸跟踪时也可以利用眼睛、鼻子和嘴巴在面部的相对位置关系,而这些信息在跟踪船舶时较难被挖掘。因此船舶视觉跟踪中能够利用的固有特征更少,建立稳健的船舶模型便更加困难。

内河船舶视觉跟踪也有别于其他场景(如海域,包括近海和远洋水域)的船舶跟踪。主要体现在:一是海域目标船舶离信号源采集设备较内河场景更远,一般都在千米数量级,有的甚至达到几万米;二是两种场景下处理数据源不同,海上船舶跟踪数据源主要包括 GPS、超声波、红外和激光传感器,而内河场景下船舶跟踪数据源主要包括雷达、GPS 和可见光 CCTV 摄像头,不同的信号源将会导致实施的技术手段不同;三是海域航道宽阔,场景空旷单一,目标船舶的运动模式相对来说都比较简单;而内河场景复杂,目标船舶在运动过程中经常会经历背景杂乱、光照变化、遮挡等干扰,致使跟踪难度大大提升。与被广泛研究的天空、海洋和地面场景相比,内河场景更加复杂,既包括前景目标船舶,还包括天空、河面、群山、峡谷、沿岸建筑物等背景,因此开展内河航运智能视频监控有其特殊性,其研究成果可以为其他简单场景提供有效借鉴。

1.3.2　内河船舶视觉跟踪难点

内河船舶视觉跟踪的特点决定了在内河场景下实现对目标船舶的鲁棒跟踪是一项极具挑战性的视觉任务。由前述讨论可知,内河船舶视觉跟踪的目标是实时准确地获取船舶的运行轨迹,因此准确性和实时性的双重需求是设计内河船舶视觉跟踪系统的挑战性所在,这些挑战性具体体现为以下几个难点问题:

(1) 不同地域、不同气候条件、不同天气条件及不同时段采集的 CCTV 视频质量不同,比如在晴天白天拍摄的 CCTV 视频更清晰,图像对比度更高,而在阴雨天、晚上、有雾天气采集的 CCTV 视频清晰度不高,图像对比度较低。

(2) 目标船舶距离 CCTV 摄像头可能较远,导致目标船舶成像区域较小,因此无法对目标船舶进行有效的特征提取以实现对目标船舶的定量表达。

(3) 目标船舶运动过程中可能会频繁经历不同类型不同程度的外部、内部因素的干扰。外部干扰因素包括天气条件的变化、光照的变化、杂乱的背景以及桥梁、岸边建筑物和船舶间的相互遮挡等;内部干扰因素主要包括目标船舶相对摄像头位置造成的尺度变化,运动姿态的变化,运动速度的变化,绕平面内旋转等。

（4）不同地域的 CCTV 监控视频分辨率不尽相同,目标船舶成像区域大小也有所差异,当两者之一较大时便可能带来计算量的负担。因此所设计的船舶跟踪系统在满足准确性的同时,也需要同时考虑系统的实时性需求。

（5）船舶类型多。在不同的船舶型号、尺度大小、材质、设施和视角等方面都存在着极大的差别。

1.3.3　内河船舶视觉跟踪算法性能评价指标

在视觉跟踪领域,对跟踪算法准确性的评估往往使用中心位置误差和重合率两种指标。

假定当前帧跟踪结果为 r_T,对应的中心位置为(T_x,T_y),标定的真实位置为 r_G,对应的中心位置为(G_x,G_y)。中心位置误差 C_{err} 定义为跟踪结果中心位置(T_x,T_y) 与手动标定位置(G_x,G_y) 的欧式距离,即

$$C_{err} = \sqrt{(T_x - G_x)^2 + (T_y - G_y)^2} \tag{1-5}$$

而图像序列所有帧的中心位置误差的均值作为该算法在此序列的中心位置误差。

重合率（Overlap）定义为:

$$重合率 = \frac{|r_T \bigcap r_G|}{|r_T \bigcup r_G - r_T \bigcap r_G|} \tag{1-6}$$

其中, $\bigcap$ 和 $\bigcup$ 分别表示跟踪结果与标定位置的交集和并集,$|\cdot|$ 表示图像区域内的像素数目。与中心位置误差指标类似,图像序列所有帧的重合率的均值作为算法在此序列的重合率。

由上述定义不难看出两种评估指标各自的局限性。对中心位置误差来说,当跟踪算法完全丢失跟踪目标时,由于跟踪输出结果是任意的,因此图像序列所有帧的中心位置误差的均值将变得不可靠。同时,假设某一跟踪算法 A 在图像序列大部分时间内都实现了对目标的准确跟踪,但是在极少数时间内丢失目标,而算法 B 在图像序列所有帧均未丢失目标,但是跟踪准确度一般,则跟踪算法 A 在图像序列所有帧的中心位置误差的均值可能比算法 B 高,但是整体而言,跟踪算法 A 的性能明显比跟踪算法 B 更优。因此有不少研究者提出使用上述两种指标的变体形式生成精度曲线和成功率曲线。具体而言,精度曲线描述的是图像序列中算法输出结果与真实目标位置间的中心距离在某一阈值范围内(比如小于 20 像素)的百分比;类似地,成功率曲线

描述的是图像序列中算法输出结果与真实目标位置间的重合率在某一阈值范围内(比如大于 0.5)的百分比。精度曲线和成功率曲线能在一定程度上弥补中心位置误差和重合率两种评价指标的不足,因此本书的算法将采用精度曲线和成功率曲线对算法进行性能评估。

　　跟踪算法性能对目标的初始化过程非常敏感[38-39]。受文献[38-39]启发,采用时间鲁棒性评估(Temporal Robustness Evaluation,TRE)和空间鲁棒性评估(Spatial Robustness Evaluation,SRE)比较各算法对目标初始化过程的敏感程度。具体来说,TRE 是从不同的时间点上对跟踪过程进行初始化的,比如在第 1 次实验中以第 1 帧进行初始化直至图像序列结束,第 2 次实验中以第 21 帧进行初始化直至图像序列结束,第 3 次实验中以第 41 帧进行初始化直至图像序列结束……以此类推。可见,随着实验次数的增加,图像序列的大小在逐渐降低,此过程只需保证最短图像序列大于预先设定的阈值即可。而 SRE 主要是将手工标定的位置(Ground Truth)进行平移和尺度变换。图 1-5 显示了 8 种空间平移方式,平移的步长是目标大小的 10%;图 1-6 显示了 4 种尺度变换方式,尺度的比率分别为初始目标尺度大小的 0.8、0.9、1.1和 1.2 倍。因此,要完成 SRE 实验,对同一图像序列,每种跟踪算法总共需要执行 12 次。

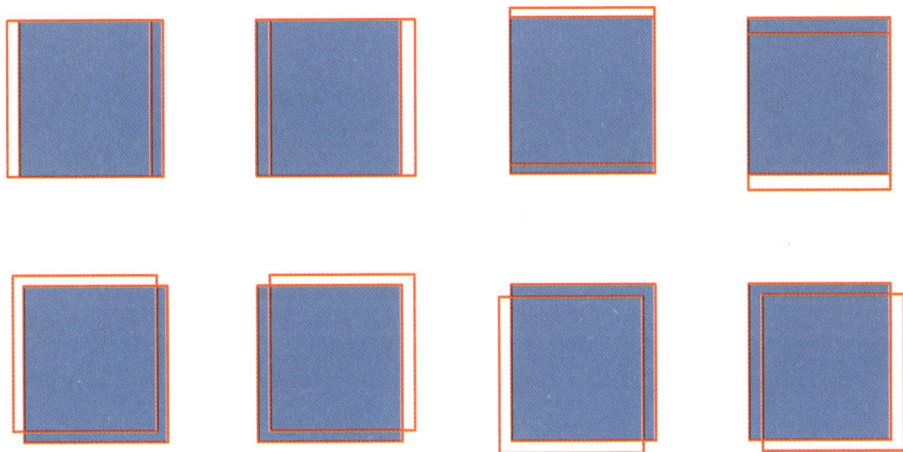

图 1-5　空间平移

　　除中心位置误差和重合率两种准确性评估指标外,在视觉跟踪领域,还通常采用 FPS(Frames Per Second)指标对算法的实时性能做定量描述。某一算法在某一图像序列的 FPS 被定义为单位时间(秒)内算法处理的图像帧数,本书中算法将沿用该指标对内河船舶跟踪算法的实时性能做定量评估。

图 1-6　尺度平移

1.4　内河船舶视觉跟踪标准库建设

到目前为止,在内河船舶视觉跟踪领域,没有一个公开发布的内河船舶视觉跟踪标准数据库,缺乏能够提供相关研究人员设计内河船舶跟踪算法的实验研究的数据集。针对此问题,在各地海事局的协助下,笔者及其团队收集或自行采集大量内河航运视频样本,通过加工建立了具有一定的完备性和代表性的内河船舶跟踪标准数据库。

1.4.1　标准库建设的必要性

在视觉跟踪领域,为了验证所提算法是否有效或者比其他算法更优,通用做法是将所提算法与其他对比算法在被研究者广泛使用的视觉跟踪标准库[35,38,39,67-79]上进行综合测试。但是,上述视觉跟踪标准库的侧重点是对通用目标的跟踪,而不是对某一类目标的跟踪。与上述视觉跟踪标准库不同,文献[70]设计的标准数据库是专门解决城市交通(主要是车辆)的目标跟踪问题的。文献[70]设计的标准数据库的优势显而易见:①该数据库是从特定的实际问题出发来探索解决某一实际问题更有效的方法,因此针对性更强,目标也更明确;②为通用场景、通用目标类型构建视觉跟踪系统需要综合考虑的因素太多,设计本身具有极高的难度;③在通用视觉跟踪库上表现良好的视觉跟踪系统在解决某一实际问题时却未必比其他算法占优。综上所述,建立以实际问题为背景的标准数据库对于更好地解决该问题尤为重要。

不同地域、不同气候、不同天气、不同时段的 CCTV 视频的质量会有所差异。与此同时,由于内河场景极其复杂,目标船舶在运动过程中可能会经历不同类型不同程度的内部、外部因素的干扰。两方面因素的复合作用使得内河船舶的运动模式具有突出的多样性。但是遗憾的是，在内河船舶跟踪领域，目前还没有公开发布的内河船舶视觉跟踪标准数据库。为了验证所提算法是否有效或者比其他算法更优，从事内河相关领域的研究学者们的一般做法是将所提算法与其他对比算法在自己收集的数据集上进行实验对比。这种做法具有局限性，主要体现为：①数据样本太少，通常只包括 4～10 段船舶视频序列，以每段视频序列 1000 帧为例，测试数据集仅仅包括 4000～10000 帧图像，显然不足以对比算法的优劣；②数据集往往侧重于某一方面的属性，比如只考虑目标船舶在运动过程中经历尺度变化干扰的情况，此种实验对比不具有完备性。因为该实验只能验证和对比在此干扰条件下各跟踪系统的性能优劣，而在其他干扰条件下的性能无从知晓；③为了显示算法的优越性，数据集往往是经过精心挑选的，选择对自己所提算法有利的数据集而回避对自己所提算法不利的数据集，因此无法公平地对算法进行有效评估；④没有提供数据集的 Ground Truth，致使评估结果无法复现，同时由于跟踪系统对初始化过程比较敏感，这种数据集也不利于其他学者进行对比实验。

1.4.2　标准库内容分析

为了更公平地评估及分析内河船舶视觉跟踪算法的性能，探索更有效的适合内河场景下的船舶视觉跟踪算法，笔者及其团队建立了一个内河船舶视觉跟踪标准数据库。从各地海事局（处）采集了不同气候、不同天气条件、不同时间段的 CCTV 监控视频，包括了内河船舶运动过程中可能会经历的不同类型不同程度干扰的情况（部分 CCTV 图像序列如图 1-7 所示，图中红色矩形框表示在序列第一帧中选定的目标船舶）。本文为所有图像序列提供了手工标定的 Ground Truth，同时为了更进一步方便广大研究者使用该标准库，本书以光盘方式附加该标准库的全部原始视频，而且所有原始 CCTV 监控视频、图像序列和 Ground Truth 均能通过 http://218.197.117.119:8080/inis_videoprocess/upweb/index.jsp 下载。

为确保数据库具有完备性和代表性，分别对浙江温州、广东佛山、湖北武汉、安徽芜湖等地海事局（处）深入调研，共采集 CCTV 船舶监控视频 200 段（约 1TB）。长江干线武汉段船舶流量大，具有代表性的场景多，因此在武汉海事局和长江海事局采集的素材最多，分别达到了采集视频总量的 23%（图 1-8）。各地海事局（处）CCTV 监控视频默认保存一个固定时间周期，以长江海事局为例，每段 CCTV 监控视频记录 15/30/60 min 不等。同一场景相同

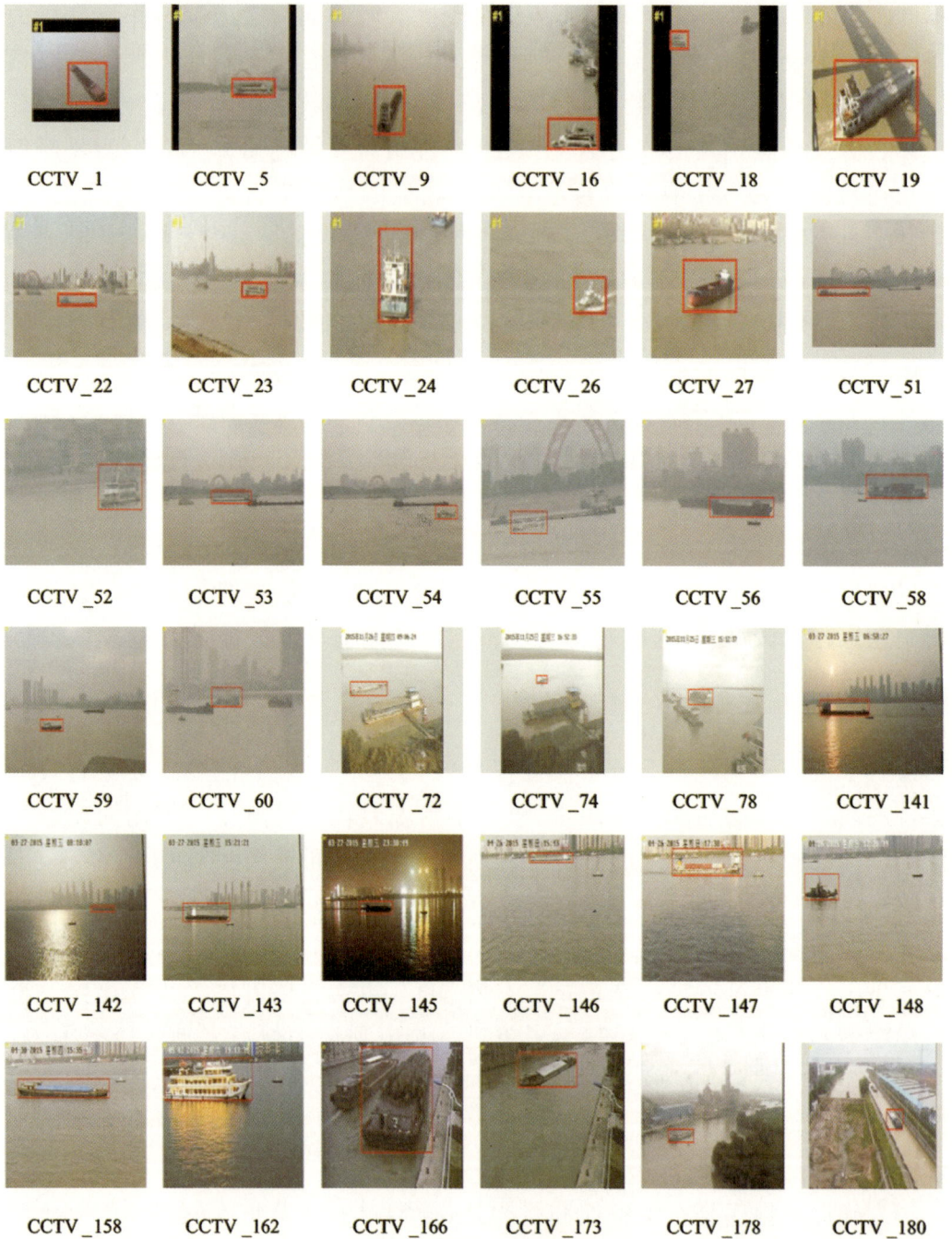

图 1-7　部分 CCTV 图像序列

运动模式的重复数据意义不大，因此从采集的 200 段 CCTV 船舶监控视频中截取、筛选出 400 段最具代表性的视频子段，每段视频通常包含 300～1000 帧。由图 1-9 可知，500～800 帧序列大小的比例占到了 60%，若目标船舶运

区域分布

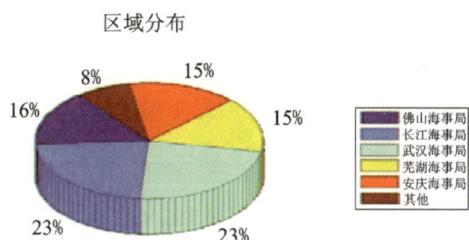

图 1-8　地域分布

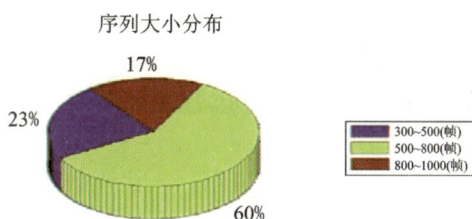

序列大小分布

图 1-9　序列大小分布

动状态变化较快,则可以适当减小图像序列的大小(300～500 帧);反之,运动船舶运动状态变化较慢的场景则需要增加图像序列的大小(800～1000 帧)。春、夏、秋、冬四季数据比例相差无几(图 1-10),冬、春两季比例稍高的原因是提升了有雾天气在数据集中所占比例。由图 1-11 可知,有雾天气在数据库中所占比例为 20%,仅次于晴朗天气条件下所占比例 60%,这是因为内河场景容易起雾,特别是冬、春两季早上的航道经常被雾气笼罩。不同地域内河航道

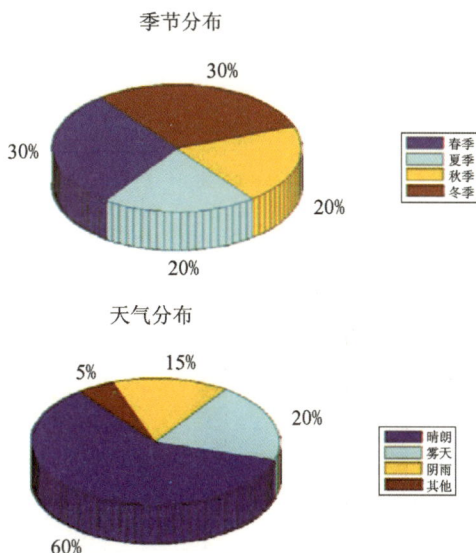

季节分布

天气分布

图 1-11　天气分布

在不同时间段内船舶流量、船舶等级相差较大。总的来说，10：00—14：00 区域船舶流量最大，体现出更多样的船舶运动模式，因此，此时间段内的图像序列在数据库中所占比例达到 50％，明显高于 06：00—10：00 时间段所占比例 25％和 14：00—18：00 时间段所占比例 20％（图 1-12）。由于夜间航行船舶较少，同时，受 CCTV 摄像头作用范围和精度的限制几乎无法获得有价值的信息，因此该时间段内数据量较少，仅为 5％左右。

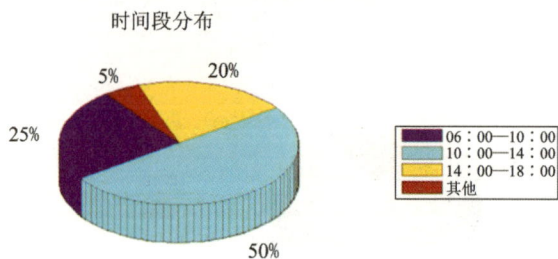

图 1-12　时间段分布

与此同时，本数据库包括了内河船舶运动过程中可能会经历的不同类型不同程度干扰的情况，主要干扰包括 CCTV 视频质量差，目标船舶运动过程中相对摄像头位置引起的尺度变化，以及内河场景的杂乱背景等。如图 1-13 所示，在所采集的 400 段 CCTV 监控视频中，尺度属性最多，总共占到了 356 段，这是因为目标船舶在航行过程中与 CCTV 摄像头的相对位置通常都会发生变化。当目标船舶向靠近摄像头方向运动时，成像区域逐渐变大；而当目标船舶向远离摄像头方向运动时，成像区域逐渐变小。因此目标船舶运动过程中的尺度变化扰动最为频繁。其次是杂乱背景属性，总共占到了 214 段，这

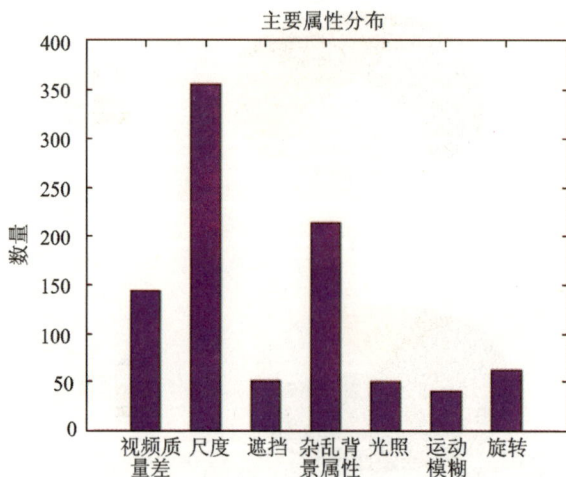

图 1-13　主要属性分布

是因为岸边 CCTV 摄像头成像范围内,对岸建筑物及其他岸边环境往往会对目标船舶造成颜色、纹理等方面的强烈干扰。视频质量属性也占到了 144 段,CCTV 监控视频质量差主要体现在清晰度不够、对比度不高等方面,在有雾天气目标船舶距离摄像头较远的情况下这种情况尤为突出。遮挡、光照变化、运动模糊及平面内旋转属性也分别占到了 51 段、50 段、40 段、63 段,充分体现了数据库对内河不同场景不同干扰属性的完备性。需要特别说明的是,各图像序列属性并不是独立的,也就是说同一段图像序列可能同时拥有若干个属性(如图 1-14 和图 1-15 所示,红色表示主属性)。显而易见地,当同一图像序列同时具有多个扰动属性时,对该图像序列中的目标船舶跟踪难度会大大增加。

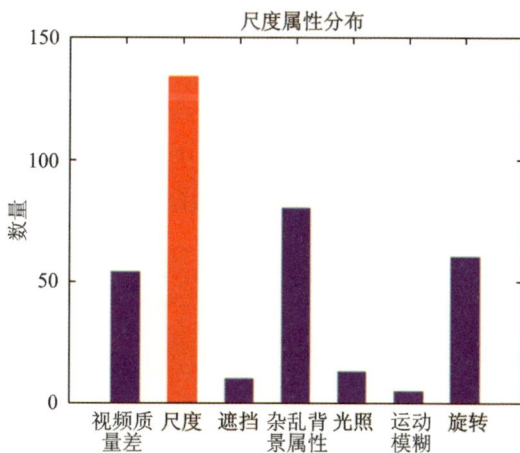

图 1-14　尺度属性分布

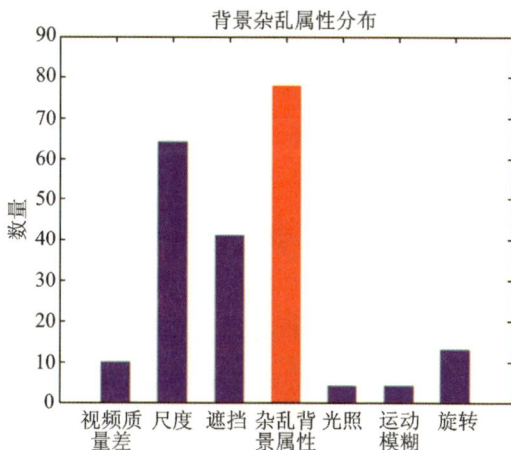

图 1-15　杂乱背景属性分布

在每段图像序列的第一帧选定目标位置,目标位置由一垂直矩形框表示,因此目标在当前帧的位置可由 (x,y,w,h) 表示,其中 (x,y) 表示矩形框左上角顶点在图像坐标系的横、纵坐标, (w,h) 表示矩形框的宽和高。将目标在每一帧的位置都用此方式进行标注,就构成了手工标定的 Ground Truth。此处有两点需要特别说明:第一,选定的 Ground Truth 标定策略。如图 1-16 所示,蓝色、红色和黑色矩形框都可以作为目标船舶在当前帧的位置。实际上,手工标定者因人而异往往会选择不同的标定位置,黑色矩形框以外、黄色矩形框以内都是合理的标定。为使整个数据集具有统一性,本文对图像序列的手工标定均采样红色矩形框所示的标定规范。以红色矩形框方式标定目标船舶,可以使目标选定图像区域包含较少的背景杂质,从而建立更精准的船舶外观模型。当船舶轮廓的突出部分包含有显著信息时,则以图 1-16 蓝色矩形框方式进行标定;当目标船舶图像区域占整帧图像比例很大(1/3 以上)时,才以图 1-16 黑色矩形框方式进行标定。第二,当目标船舶在当前帧不可见时,无法用矩形框表示,为使 Ground Truth 具有统一性,直接将目标在当前帧的位置标记为[Null,Null,Null,Null]。

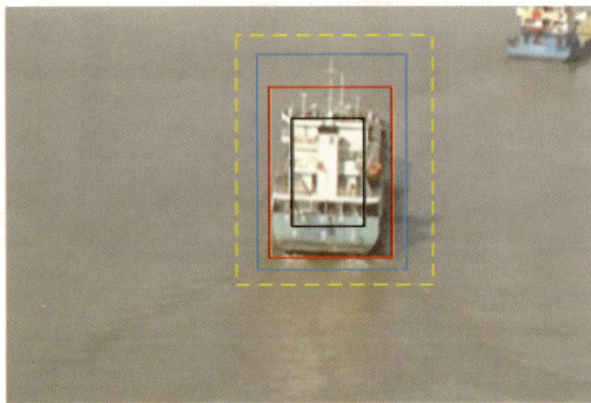

图 1-16　初始化策略

本章参考文献

[1]　吴澎. 中国内河航运发展的机遇与挑战[J]. 水运工程,2010,2:11-15.

[2]　刘涛,潘明阳,王德强. 数字航道空间信息应用技术研究综述[J]. 大连海事大学学报,2015,41(3):59-66.

[3]　王建斌,刘长俭. 我国内河航运发展战略构想[J]. 中国水运,2012,9:12-15.

[4]　宋德星. 大力振兴内河航运带动流域经济发展[J]. 中国水运,2010,10:5-6.

[5]　李跃旗,王颖,张欣,等. 内河航运与区域经济相关关系[J]. 交通运输工程学报,

2009,9(6):97-101.

[6] 贾晓惠,李俊. 基于布朗指数平滑模型的长江航运发展态势[J]. 大连海事大学学报,2010,36(3):39-41.

[7] LIN CC, DONG F, et al. Study on the differences of the dynamic target information of the marine radar and AIS[J]. International Conference on Wireless Communications,2009, 86 (5):1-4.

[8] BLOISI DD, IOCCHI L, LEONE GR,et al. A distributed vision system for boat traffic monitoring in the venice grand canal[C]. 2nd International Conference on Computer Vision Theory and Applications,2007:549-556.

[9] CHANG SJ. Development and analysis of AIS applications as an efficient tool for vessel traffic service[C]. Oceans, 2004,4:2249-2253.

[10] LESSING PA, BERNARD LJ, TETREAULT CBJ, et al. Use of the Automatic Identification System (AIS) on autonomous weather buoys for maritime domain awareness applications[C]. Oceans, 2006:1-6.

[11] LI H, WANG X. Automatic recognition of ship types from infrared images using superstructure moment invariants[C]. MIPPR 2007: Automatic Target Recognition and Image Analysis, Multispectral Image Acquisition,2007.

[12] DAVIES AC, VELASTIN SA. A progress review of intelligent CCTV surveillance systems[C]. Intelligent Data Acquisition & Advanced Computing Systems: Technology & Applications, Idaacs, 2007:417-423.

[13] 郝勇,江长运,陈仕祥,等. "e-航海"时代海事动态监管系统——电子巡航[J]. 武汉理工大学学报:交通科学与工程版,2014,38(2):359-363.

[14] 郝勇,李翌阳,陈仕祥,等. 电子巡航系统信息特征及在海事监管中的应用[J]. 中国航海,2014, 37(1):11-15.

[15] 徐培红,董鸿瑜. 欧美发达国家内河航运发展对长江航运的启示[J]. 中国水运,2010,1:19-20.

[16] 潘明阳,胡景峰,张斌. 内河船舶导航监控一体化应用[J]. 大连海事大学学报,2011, 37(1):39-43.

[17] 庞博. 全国海事系统"十二五"发展亮点回顾[J]. 中国海事,2016(02):10-23.

[18] 滕飞,刘清,朱琳,等. 波纹干扰抑制下内河 CCTV 系统运动船舶检测[J]. 计算机仿真,2015,32(6):247-250.

[19] 叶玲利. 内河视频监控中运动船舶检测和遮挡分离算法研究[D]. 武汉:武汉理工大学,2013.

[20] 滕飞,刘清,郭建明,等. TLD 框架下的内河船舶跟踪[J]. 应用科学学报,2014,32(1):105-110.

[21] 滕飞,刘清,朱琳. 一种快速鲁棒的内河 CCTV 系统船舶跟踪算法[J]. 武汉理工

　　　　大学学报，2014,36(5):80-85.

[22]　李晓飞，宋亚男，徐荣华，等. 基于双目视觉的船舶跟踪与定位[J]. 南京信息工程大学学报:自然科学版,2015,7(1):46-52.

[23]　刘静，刘以安，杨新刚. 基于 Kalman 滤波的船舶跟踪技术[J]. 微计算机信息，2007,31:187-189.

[24]　汤一平，柳圣军，周超，等. 多视觉信息融合的内河航道智能监控系统[J]. 中国图象图形学报，2008,13(8):1608-1616.

[25]　云霄，肖刚. 基于 Camshift 的多特征自适应融合船舶跟踪算法[J]. 光电工程，2011,38(5):52-58.

[26]　柳圣军. 基于计算机视觉的内河航道智能监控系统的研究[D]. 杭州:浙江工业大学,2009.

[27]　张文涛. 桥区运动船舶检测和跟踪的方法研究[D]. 武汉:华中科技大学，2012.

[28]　周雅琪. 结合滤波理论的内河视频序列船舶 TLD 跟踪算法研究[D]. 武汉:武汉理工大学，2013.

[29]　周靓. 航道监控中船舶的检测与跟踪[D]. 南京:南京理工大学，2012.

[30]　THEMELIS KE, RONTOGIANNIS AA, KOUTROUMBAS KD. A variational bayes framework for sparse adaptive estimation[J]. IEEE Transactions on Signal Processing，2014,62(18):4723-4736.

[31]　TENG F, LIU Q, ZHU L,et al. Robust inland waterway ship tracking via hybrid TLD and kalman filter[C]. Advanced Materials Research,2014,1037: 373-377.

[32]　王书玲. 基于卡尔曼滤波的视频跟踪技术的研究及应用[D]. 天津:河北工业大学，2011.

[33]　王益义. 基于计算机视觉的内河船舶身份识别研究[D]. 杭州:浙江工业大学，2009.

[34]　YILMAZ A,JAVED O,SHAH M. Object tracking: A survey[J]. Acm Computing Surveys, 2006,38(4):1-35.

[35]　KRISTAN M, PFLUGFELDER R, LEONARDIS A, et al. The visual object tracking VOT 2014 challenge results[C]. Lecture Notes in Computer Science，2014,8926:98-111.

[36]　LI X,HU W,SHEN C,et al. A survey of appearance models in visual object tracking[J]. ACM Transactions on Intelligent Systems and Technology, 2013,4(4):58.

[37]　SMEULDERS AWM, CHU DM,CUCCHIARA R,et al. Visual tracking: An experimental survey[J]. IEEE Transactions on Pattern Analysis and Machine Intelligence，2014,36(7):1442-1468.

[38] WU Y, LIM J, YANG MH. Online object tracking: A benchmark[C]. 26th IEEE Conference on Computer Vision and Pattern Recognition,2013,9(4):2411-2418.

[39] WU Y,LIM J,YANG MH. Object tracking benchmark[J]. IEEE Transactions on Pattern Analysis and Machine Intelligence, 2015,37(9):1834-1848.

[40] CHENG Y. Mean shift, mode seeking, and clustering[J]. IEEE Transactions on Pattern Analysis and Machine Intelligence, 1995, 17(8):790-799.

[41] COMANICIU D,RAMESH V,MEER P. Real-time tracking of non-rigid objects using mean shift[C]. IEEE Conference on Computer Vision and Pattern Recognition,2000,2:142-149.

[42] COMANICIU D,RAMESH V,MEER P. Kernel-based object tracking[J]. IEEE Computer Society, 2003,25(5):564-575.

[43] COLLINS RT. MeanShift blob tracking through scale space[C]. IEEE Computer Society Conference on Computer Vision and Pattern Recognition, 2003,2003:II/234-II/240.

[44] NING J,ZHANG L,ZHANG D,et al. Robust object tracking using joint colour texture histogram[J]. International Journal of Pattern Recognition and Artificial Intelligence, 2009,23(7):1245-1263.

[45] LIU B,HUANG J,KULIKOWSKI C,et al. Robust visual tracking using local sparse appearance model and K-selection[J]. IEEE Transactions on Pattern Analysis and Machine Intelligence, 2013,35(12):2968-2981.

[46] WANG F,YU S,YANG J. Robust and efficient fragments-based tracking using mean shift[J]. AEU-International Journal of Electronics and Communications, 2010,64(7):614-623.

[47] YANG C,DURAISWAMI R,DAVIS L. Efficient mean-shift tracking via a new similarity measure[C]. IEEE Computer Society Conference on Computer Vision and Pattern Recognition,2005,1:176-183.

[48] DONOHO DL. Compressed sensing[J]. IEEE Transactions on Information Theory, 2006,52(4):1289-1306.

[49] MEI X,LING H. Robust visual tracking using l_1 minimization[C]. IEEE International Conference on Computer Vision, 2009:1436-1443.

[50] CHEN F,WANG Q,WANG S,et al. Object tracking via appearance modeling and sparse representation[J]. Image and Vision Computing, 2011, 29 (11): 787-796.

[51] JI H, LING H, WU Y, et al. Real time robust l_1 tracker using accelerated proximal gradient approach[C]. Computer Vision and Pattern Recognition,2012,157

(10):1830-1837.

[52] LI H, SHEN C, SHI Q. Real-time visual tracking using compressive sensing [C]. IEEE Conference on Computer Vision and Pattern Recognition, 2011, 2011:1305-1312.

[53] BLACK MJ, JEPSON AD. Eigentracking: Robust matching and tracking of articulated objects using a view-based representation[C]. European Conference on Computer Vision, 1996,1064:329-342.

[54] ROSS DA, LIM J, LIN RS, et al. Incremental learning for robust visual tracking[J]. International Journal of Computer Vision, 2008,77(1):125-141.

[55] YU Q, DINH TB, MEDIONI G. Online tracking and reacquisition using co-trained generative and discriminative trackers[C]. 10th European Conference on Computer Vision-ECCV, 2008, 5303: 678-691.

[56] COLLINS RT, LIU Y, LEORDEANU M. Online selection of discriminative tracking features[J]. IEEE Transactions on Pattern Analysis and Machine Intelligence, 2005, 27(10): 1631-1643.

[57] AVIDAN S. Ensemble tracking[J]. IEEE Transactions on Pattern Analysis and Machine Intelligence, 2007, 29(2): 261-271.

[58] GODEC M, ROTH PM, BISCHOF H. Hough-based tracking of non-rigid objects [C]. IEEE International Conference on Computer Vision,2011,117(10):81-88.

[59] WANG S,LU H,YANG F, et al. Superpixel tracking[C]. International Conference on Computer Vision, 2011,24(4):1323-1330.

[60] AVIDAN S. Support Vector Tracking[J]. IEEE Transactions on Pattern Analysis and Machine Intelligence, 2004, 26(8): 1064-1072.

[61] VIOLA P, JONES MJ. Robust real-time face detection[C]. IEEE International Conference on Computer Vision, 2004, 57 (2):747.

[62] GRABNER H, BISCHOF H. On-line boosting and vision[C]. IEEE Computer Society Conference on Computer Vision and Pattern Recognition, 2006, 1(1): 260-267.

[63] GRABNER H, LEISTNER C, BISCHOF H. Semi-supervised on-line boosting for robust tracking[C]. European Conference on Computer Vision, 2008, 5302: 234-247.

[64] BABENKO B, YANG MH, BELONGIE S. Visual tracking with online multiple instance learning[C]. IEEE Conference on Computer Vision and Pattern Recognition, 2009,33(8): 983-990.

[65] KALAL Z, MIKOLAJCZYK K, MATAS J. Tracking-Learning-Detection[J]. IEEE Transactions on Pattern Analysis and Machine Intelligence, 2012, 34(7):

1409-1422.

[66] COLLINS R，ZHOU X，SENG KT．An open source tracking testbed and evalu-
      ation web site[C]．IEEE International Workshop on Performance Evaluation of
      Tracking and Surveillance，2005：17-24.

[67] FISHER RB．The PETS04 surveillance ground-truth data sets[J]．Proc．6th
      IEEE International Workshop on Performance Evaluation of Tracking and Sur-
      veillance，2004：1-5.

[68] KRISTAN M，PFLUGFELDER R，MATAS J，et al．The visual object tracking
      VOT2013 challenge results[C]．IEEE International Conference on Computer Vi-
      sion Workshops，2013，8926：98-111.

[69] LI A，LIN M，WU Y，et al．NUS-PRO：A New Visual Tracking Challenge[J]．
      IEEE Transactions on Pattern Analysis and Machine Intelligence，2016，38(2)：
      335-349.

2 基于滤波理论的内河船舶视觉跟踪

从有误差的观测数据中计算出某些参数或变量的状态,称为估计。估计分为三类:平滑、预测和滤波。由过去的观测值估计得到信号的过去值,称为平滑或内插。由过去的观测值估计得到信号的将来值,称为预测或外推。由过去和当前的观测值估计得到信号的当前值,称为滤波。滤波理论就是在对系统可观测信号进行测量的基础上,根据一定的滤波准则,对系统的状态或参数进行估计的理论和方法。在目标跟踪中,最常用到的滤波方法主要为卡尔曼(Kalman)滤波和粒子滤波。其中卡尔曼滤波器基于贝叶斯理论,在高斯、线性模型下为最优的贝叶斯估计。而粒子滤波器通过非参数化的蒙特卡洛(Monet Carlo)方法实现递推贝叶斯滤波,主要应用于非高斯和非线性的系统。

2.1 Kalman 滤波器

Kalman 滤波器是由 Rudolph E. Kalman 于 1960 年提出的一种递推估计器[1-2],在线性高斯系统中通过计算信号的后验概率进行时变估计。Kalman 滤波器的主要特点是采用了有限维统计递归技术,只需每次进行递归运算时,考虑前一状态下输入的信号即可。这样则无须将过去所有的观测值都存储和计算,大大降低了算法的时间复杂度和空间复杂度,因此更有利于信号的实时处理。

卡尔曼滤波算法的思想是:通过预测和更新 2 个步骤的循环迭代,使系统噪声和观测噪声等引起的误差逐渐减小,最终获得最佳的状态参数。令 Q 为状态噪声的协方差,R 为观测噪声的协方差。系统的状态方程可采用以下离散线性方程描述:

$$X_k = A_{k-1} X_{k-1} + w_k \tag{2-1}$$

其中,X_k 表示 k 时刻系统的特征状态向量;A 为转移矩阵,用于描述目标的运动;w_k 表示 k 时刻系统输入的随机噪声向量,其统计特性与白噪声和高斯噪声相似。系统的观测方程为:

$$Z_k = H_k X_k + v_k \tag{2-2}$$

其中,Z_k 表示 k 时刻系统特征的观测向量;H 为观测矩阵;v_k 表示 k 时刻系统的观测噪声向量,与 w_k 无关。

定义先验状态估计误差和后验状态估计误差的协方差分别为 $\hat{P}_{k|k-1}$ 和 P_k,则得到 Kalman 滤波器计算方程如下:

系统状态预测方程:

$$\boldsymbol{X}_{k|k-1} = \boldsymbol{A}\boldsymbol{X}_{k-1} \qquad (2\text{-}3)$$

误差状态预测方程:

$$\hat{\boldsymbol{P}}_k = \boldsymbol{A}\boldsymbol{P}_{k-1}\boldsymbol{A}^{\mathrm{T}} + \boldsymbol{Q} \qquad (2\text{-}4)$$

卡尔曼增益系数方程:

$$\boldsymbol{K}_k = \boldsymbol{P}_{k|k-1}\boldsymbol{H}^{\mathrm{T}}(\boldsymbol{H}\boldsymbol{P}_{k|k-1}\boldsymbol{H}^{\mathrm{T}} + \boldsymbol{R})^{-1} \qquad (2\text{-}5)$$

状态修正方程:

$$\hat{\boldsymbol{X}}_k = \hat{\boldsymbol{X}}_{k|k-1} + \boldsymbol{K}_k(\boldsymbol{Z}_k - \boldsymbol{H}\hat{\boldsymbol{X}}_{k|k-1}) \qquad (2\text{-}6)$$

误差协方差修正方程:

$$\boldsymbol{P}_k = (1 - \boldsymbol{K}_k\boldsymbol{H})\hat{\boldsymbol{P}}_k \qquad (2\text{-}7)$$

综上所述,Kalman 滤波器利用反馈调节系统估计目标的运动状态,由预测和修正两部分构成。预测部分通过当前状态和误差协方差估计下一时刻的状态和误差协方差;修正部分将新的实际观测值与状态预测进行对比,得到后验估计。重复以上步骤,就是 Kalman 滤波器的递归工作原理。

Kalman 滤波器在目标跟踪中的应用也基于其递归工作原理,如图 2-1 所示。首先,通过目标在 k 时刻的状态和误差协方差,预测出其在 $k+1$ 时刻的状态和误差协方差;接着,再与 $k+1$ 时刻目标的观测值进行对比,得到状态的后验估计,即目标位置;最后,将此后验估计作为观测值更新状态矩阵,并估计下一时刻的位置信息,如此重复,达到实时跟踪的效果。

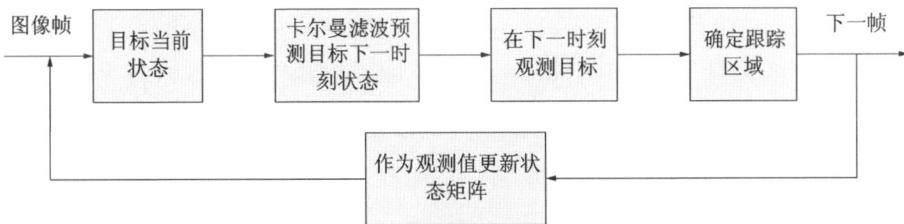

图 2-1 Kalman 滤波器工作原理

2.2 粒子滤波理论

卡尔曼滤波是解决线性系统滤波问题,对非线性非高斯系统状态估计必须采用扩展卡尔曼滤波（EKF）和无迹卡尔曼滤波（UKF）。EKF 通过泰勒展开使非线性系统线性化，然后采用卡尔曼滤波对系统状态进行估计。线性化存在高阶截断误差，导致滤波精度不够甚至出现发散。UKF 以无迹变化为基础，通过状态空间一系列的采样点，模拟出每个时间点的高斯分布和状态矢量的后验密度函数。UKF 可以得到精确到二阶的状态估计，比 EKF 更准确[3]。

而粒子滤波器就是解决非线性滤波问题的方法。其基于非参数化的蒙特卡洛方法实现递推贝叶斯估计，可用于任何状态空间中，精度可以逼近最优估计[4]。粒子滤波器思想最早的提出可以追溯到 20 世纪 50 年代，发展至今已非常成熟。其应用范围也非常广泛，在经济、军事、交通管制和机器人等领域都有着重要的用途。

本节将详细分析粒子滤波器理论：贝叶斯估计和蒙特卡洛方法。

2.2.1　贝叶斯估计

贝叶斯估计是基于贝叶斯统计方法的一种预测，除了运用模型和数据信息之外，还利用了未知参数的分布信息，即先验信息。贝叶斯统计通过先验信息表示未知参数的概率分布，即先验分布。先验分布反映我们对未知参数的了解，有了样本带来的信息后，先验分布有了改变，其结果就反映在后验分布中，后验分布综合了先验分布和样本信息，因此可以更准确地表示系统变量的状态[4]。

动态时变系统可采用如下方程描述：

$$x_k = f_k(x_{k-1}, v_{k-1}) \tag{2-8}$$

$$z_k = h_k(x_k, n_k) \tag{2-9}$$

其中，x_k 表示 k 时刻系统特征的状态向量，f_k 为非线性的系统传递函数，v_k 表示 k 时刻系统输入的随机噪声向量。z_k 表示 k 时刻系统特征的观测向量，h_k 为非线性的系统观测方程，n_k 表示 k 时刻系统的观测噪声向量，与 w_k 无关。若系统状态的初始概率密度函数表示为 $p(x_0 | z_0) = p(x_0)$，则系统状态预测方程可以表达为：

$$p(x_k | z_{1,k-1}) = \int p(x_k | x_{k-1}) p(x_{k-1} | z_{1,k-1}) \mathrm{d}x_{k-1} \tag{2-10}$$

状态的更新方程：

$$p(x_k | z_{1,k}) = \frac{p(z_k | x_k) p(x_k | z_{1,k-1})}{p(z_k | z_{1,k-1})} \tag{2-11}$$

其中

$$p(z_k \mid z_{1,k-1}) = \int p(z_k \mid x_k) p(x_k \mid z_{1,k-1}) \mathrm{d}x_{k-1} \qquad (2\text{-}12)$$

式(2-10)~式(2-12)描述了最优贝叶斯估计的基本思想。将贝叶斯估计用于目标跟踪,必须有目标状态的先验概率分布,同时,系统的观测信息要以似然函数的形式表示。由此贝叶斯估计值就是目标状态的后验概率分布。

综上所述,最优贝叶斯估计的基本思想是利用已知信息构造系统未知信息,即通过系统状态的先验概率密度预测,再利用观测数据修正,最终得到目标状态的后验概率密度。

2.2.2 蒙特卡洛方法

蒙特卡洛方法是一种基于随机数的计算方法。其基本思想是:当所求问题的解是某事件发生的概率、某随机变量的数学期望,或是与概率、数学期望有关的量时,通过试验的方法,求得该事件发生的概率;也可通过该随机变量的一系列具体观察值得到算术平均值,由此得到问题的解。

蒙特卡洛方法通常是用随机变量简单子集的算术平均值 $\overline{x}_N$ 作为所求变量的积分近似值,x_n 代表了随机变量的子集:

$$\overline{x}_N = \frac{1}{N} \sum_{n=1}^{N} x_n \qquad (2\text{-}13)$$

蒙特卡洛方法也可用于解决数学问题:在所有满足数学方程的概率分布中,随机抽取若干个样本,产生随机变量,并对其取算术平均值,作为此数学方程解的近似估计值。基于随机采样的蒙特卡洛运算方法可以将积分转化为有限样本的求和,这样大大提高了运算效率。因此,经验概率分布可以近似表达状态概率密度分布为:

$$\hat{p}(x_{0:k} \mid z_{1:k}) = \frac{1}{N} \sum_{i=1}^{N} \delta_{x_{0:k}^i}(d_{x_0,k}) \qquad (2\text{-}14)$$

在式(2-14)中,$\delta_{x_{0:k}^i}(d_{x_0,k})$ 表示第 i 个样本点的权重函数。蒙特卡洛方法能逼真地描述目标状态属性及物理实验过程,可以解决一般数值方法难以解决的问题,其核心是将积分问题转化为有限样本点概率累加的过程,因此结构简单、适应性强,且概率性收敛与收敛速度、维数无关,蒙特卡洛方法在各个领域的应用日趋广泛。其解决问题的步骤大致分为以下三步[5]:

(1)建立简单、易实现的概率统计模型用于描述需求解的问题,使解为模型的概率分布或数学期望;

（2）对随机变量进行抽样,包括产生伪随机数和对分布产生的随机变量进行随机抽样的方法;

（3）得出所求解的统计估计和方差(或标准差)。

2.3 粒子滤波器

粒子滤波是将贝叶斯估计与蒙特卡洛方法相结合的方法,它通过非参数化的蒙特卡洛方法实现递推贝叶斯估计,利用一系列随机抽取样本及样本权重计算状态的后验概率分布。当样本足够多时,可以逼近真实的后验概率分布。粒子滤波算法不要求系统为线性、噪声和后验概率为高斯分布,因此粒子滤波的应用比卡尔曼滤波的应用广泛得多。同时由于粒子滤波具有同贝叶斯估计一样的时域递推结构,因此,和卡尔曼滤波一样,其无须存储所有时刻的数据信息,仅需依据前一时刻的状态预测值和当前时刻的实际观测值,就可计算出状态的后验分布,具有存储量少、运算速度快、灵活、易于实现等优点。

2.3.1 粒子滤波器原理

粒子滤波也称为顺序蒙特卡洛方法(SMC),是指通过在状态空间中寻找出一系列可以近似表达概率密度函数 $p(x_k \mid z_k)$ 的随机样本,并以算术平均值代替积分运算,从而获得状态最小方差估计的过程。这些随机样本就称之为"粒子"。

用数学语言描述就是:对于一个平稳的随机过程,假设系统在 $k-1$ 时刻的后验概率密度为 $p(x_{k-1} \mid z_{k-1})$,选取 n 个随机样本点,在 k 时刻获得观测信息后,状态更新,n 个随机样本点的后验概率密度可近似为 $p(x_k \mid z_k)$。随着随机样本数目的不断增加,样本的后验概率密度逐渐逼近状态的概率密度,从而使粒子滤波达到最优贝叶斯估计的效果。

用 $\{x_{0:k}^i, w_k^i\}_{i=1}^N$ 表示后验概率密度为 $p(x_{0:k} \mid z_{1:k})$ 的系统的粒子集,其中 $\{x_{0:k}^i, i=1,\cdots,N\}$ 为支持样本集,对应的权重为 $\{w_{0:k}^i, i=1,\cdots,N\}$,且 $\sum_{i=1}^N w_k^i = 1$,$x_{0:k} = \{x_j, j=0,\cdots,k\}$ 表示系统到 k 时刻为止所有状态的集合,后验概率密度可近似为:

$$p(x_{0:k} \mid z_{1:k}) \approx \sum_{i=1}^N w_k^i \delta(x_{0:k} - x_{0:k}^i) \tag{2-15}$$

这样就可以将实际的后验概率密度 $p(x_{0:k} \mid z_{1:k})$ 用离散的带权值近似表

示,进而将复杂的数学期望计算和积分运算转换为求和运算:

$$E\big[g(x_{0:k})\big] = \int g(x_{0:k}) p(x_{0:k} \mid z_{1:k}) \mathrm{d}x_{0:k} \qquad (2\text{-}16)$$

可近似为:

$$E\big[g(x_{0:k})\big] = \sum_{i=1}^{n} w_k^i g(x_{0:k}^i) \qquad (2\text{-}17)$$

以上就是粒子滤波器的基本原理。下面将对粒子滤波器常用的方法——贝叶斯重要性采样算法和顺序重要性采样算法——做详细介绍。

(1)贝叶斯重要性采样算法(Bayesian Importance Sampling,BIS)

BIS 从一个容易采样的已知参考分布 $q(x_{0:k} \mid z_{1:k})$ 中采样,通过对采样点加权来近似 $p(x_{0:k} \mid z_{1:k})$。其推导过程如下:

由式(2-16)可得到:

$$E\big[g(x_{0:k})\big] = \int g(x_{0:k}) \frac{p(x_{0:k} \mid z_{1:k})}{q(x_{0:k} \mid z_{1:k})} q(x_{0:k} \mid z_{1:k}) \mathrm{d}x_{0:k} \qquad (2\text{-}18)$$

可变化为:

$$\begin{aligned}
E\big[g(x_{0:k})\big] &= \int g(x_{0:k}) \frac{p(z_{1:k} \mid x_{0:k}) p(x_{0:k})}{p(z_{1:k}) q(x_{0:k} \mid z_{1:k})} q(x_{0:k} \mid z_{1:k}) \mathrm{d}x_{0:k} \\
&= \int g(x_{0:k}) \frac{w_k(x_{0:k})}{p(z_{1:k})} q(x_{0:k} \mid z_{1:k}) \mathrm{d}x_{0:k}
\end{aligned}$$

$$\qquad (2\text{-}19)$$

其中

$$w_k(x_{0:k}) = \frac{p(z_{1:k} \mid x_{0:k}) p(x_{0:k})}{q(x_{0:k} \mid z_{1:k})} \qquad (2\text{-}20)$$

全概率公式 $p(z_{1:k})$ 可以表示为:

$$\begin{aligned}
p(z_{1:k}) &= \int p(z_{1:k}, x_{0:k}) \mathrm{d}x_{0:k} \\
&= \int \frac{p(z_{1:k} \mid x_{0:k}) p(x_{0:k}) q(x_{0:k} \mid z_{1:k})}{q(x_{0:k} \mid z_{1:k})} \mathrm{d}x_{0:k} \\
&= \int w_k(x_{0:k}) q(x_{0:k} \mid z_{1:k}) \mathrm{d}x_{0:k}
\end{aligned} \qquad (2\text{-}21)$$

将式(2-21)代入式(2-19)可得到:

$$E\big[g(x_{0:k})\big] = \int \frac{g(x_{0:k}) w_k(x_{0:k}) q(x_{0:k} \mid z_{1:k})}{\int w_k(x_{0:k}) q(x_{0:k} \mid z_{1:k}) \mathrm{d}x_{0:k}} \mathrm{d}x_{0:k} \qquad (2\text{-}22)$$

从重要性函数中采样后,数学期望近似表示为:

$$\overline{E[g(x_{0:k})]} = \int \frac{g(x_{0:k})w_k(x_{0:k})q(x_{0:k} \mid z_{1:k})}{\frac{1}{N}\sum_{i=1}^{N} w_k(x_{0:k}^i)} \mathrm{d}x_{0:k}$$

$$= \frac{\frac{1}{N}\sum_{i=1}^{N} g(x_{0:k}^i)w_k(x_{0:k}^i)}{\frac{1}{N}\sum_{i=1}^{N} w_k(x_{0:k}^i)} \qquad (2\text{-}23)$$

$$= \sum_{i=1}^{N} g(x_{0:k}^i)\widetilde{w}_k(x_{0:k}^i)$$

$\widetilde{w}_k(x_{0:k}^i) = \dfrac{w_k(x_{0:k}^i)}{\sum\limits_{i=1}^{N} w_k(x_{0:k}^i)}$ 为归一化权重,其中 $x_{0:k}^i$ 是从 $q(x_{0:k} \mid z_{1:k})$ 中采

样的。

BIS 是一种简单常用的蒙特卡洛积分方法,但当其被用于计算随时间推移的顺序采样时,由于估计 $p(x_{0:k} \mid z_{1:k})$ 需要得到所有数据 $z_{1:k}$,因此每当有新数据 z_{k+1} 时,就要重新计算整个状态序列的权重,这无疑会使计算量随时间的推移而大大增加。

(2) 顺序重要性采样算法(Sequential Importance Sampling,SIS)

为了解决 BIS 在顺序采样中,计算量与时间成正比的问题,SIS 就被提出了。其主要思想是:在 $k+1$ 采样时刻,之前的状态序列样本集不变,假定当前的状态独立于将来的观测,只进行滤波而不做平滑处理,依据递归的形式计算出权重。因此,参考分布可表示为:

$$q(x_{0:k} \mid z_{1:k}) = q(x_k \mid x_{0:k-1}, z_{1:k}) \cdot q(x_{0:k-1} \mid z_{1:k-1}) \qquad (2\text{-}24)$$

假定系统的观测模型服从马尔可夫方程,由 $q(x_{0:k-1} \mid z_{1:k-1})$ 可以得到支撑点 $x_{0:k-1}^i$,由 $q(x_k \mid x_{0:k-1}, z_{1:k})$ 可以得到支撑点 x_k^i,通过 $x_{0:k-1}^i$ 和 x_k^i 可以获得新的支撑点 $x_{0:k}^i$。将式(2-24)代入式(2-20),则权重更新公式可以得到进一步推导:

$$w_k(x_{0:k}) = \frac{p(z_{1:k} \mid x_{0:k})p(x_{0:k})}{q(x_k \mid x_{0:k-1}, z_{1:k}) \cdot q(x_{0:k-1} \mid z_{1:k-1})} \qquad (2\text{-}25)$$

由权重公式(2-20),得到:

$$w_{k-1}(x_{0:k-1}) = \frac{p(z_{1:k-1} \mid x_{0:k-1})p(x_{0:k-1})}{q(x_{0:k-1} \mid z_{1:k-1})} \qquad (2\text{-}26)$$

由式(2-25)和式(2-26)得到权重递推公式为:

$$w_k(x_{0:k}) = w_{k-1}(x_{0:k-1}) \frac{p(z_k \mid x_k)p(x_k \mid x_{k-1})}{q(x_k \mid x_{0:k-1}, z_{1:k})} \qquad (2\text{-}27)$$

在重要性函数 $q(x_k \mid x_{0:k-1}, z_{1:k})$ 给定的条件下,式(2-27)提供了一个递归计算权重的方法。通过状态方程和观测方程可以计算出 $p(x_k \mid x_{k-1})$ 和 $p(z_{1:k} \mid x_k)$,SIS 的任务就是初始化样本集,并根据式(2-27)递归计算权重。

用 SIS 解决计算量随时间推移而增加的同时会引起严重的粒子退化。因为在不断的迭代过程中,非常少的一部分粒子变得越来越重要,其归一化权重逐渐趋向于 1;而另一些粒子的权重逐渐趋向于 0,这样会导致大量低权重的粒子慢慢都被从粒子集里删除,只留下那些高权重的粒子。粒子退化意味着大部分粒子对权重更新毫无影响,因此严重影响了粒子滤波器的性能。

(3)粒子重采样

为了解决 SIS 带来的粒子退化问题,就需要不断地对粒子进行重采样。其思路是:删除小权重的粒子,复制大权重的粒子,如图 2-2 所示。

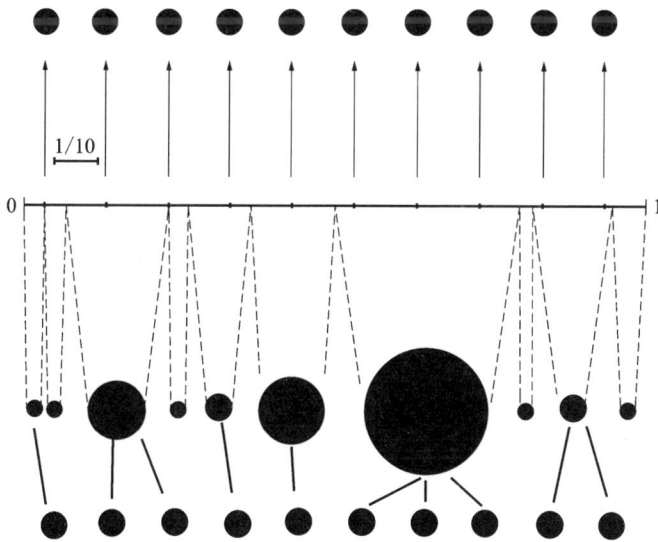

图 2-2　粒子重采样原理图

图 2-2 中,第一排表示初始化后的标准粒子,每个粒子的权重均为 1/10。第二排表示经过一段时间计算后权重各不相同的粒子,粒子的直径代表了其权重的大小。第三排表示经过重采样后的粒子,可见权重大的粒子被复制,而权重小的粒子被删除了。重采样过后,所有的粒子再次被赋予相同的权重 1/10。

粒子重采样算法的实现过程如下:

① 粒子初始化,从离散随机变量 x_k 中,抽取 N 个粒子 x_k^i;

② 计算权重,重采样得到的新粒子,并赋予每个粒子相等的权值 $\dfrac{1}{N}$;

③ 状态转移,预测 k 时刻每个粒子的状态;

④ k 时刻系统的观测过程,通过若干粒子的加权得到目标状态的最终表示;

⑤ 重复①至④。

2.3.2　粒子滤波器算法描述

将 SIS 与粒子重采样方法相结合,就可以得到完整的粒子滤波器算法。具体步骤如下:

(1) 初始化

依据 $p(x_0)$ 分布,在 x_0 附近随机采样,得到一系列粒子 x_0^i,$i=1,2,\cdots,N$。

(2) SIS

通常重要性分布 $q(x_k \mid x_{0:k-1},z_{1:k})$ 可以简化为 $p(x_k \mid x_{k-1})$,据此采样得 N 个粒子 $x_k^i \propto p(x_k \mid x_{k-1})$。

(3) 计算权重

由式(2-27)计算出每个粒子的权重 $w_k^{(i)}$,并进行归一化 $\widetilde{w}_k^{(i)} = w_k^{(i)} / \sum_{i=1}^{N} w_k^{(i)}$。

(4) 后验概率估计

输出一组带权重的粒子 $\{(x_k^i,w_k^i),i=1,2,\cdots,N\}$,根据粒子的加权平均值或极大后验概率,得到当前时间 k 的后验概率估计。

(5) 粒子重采样

根据粒子权重,对样本集进行重采样,大权重的粒子分化为多个粒子,删除小权重的粒子,得到新的 N 个粒子 $\widetilde{x}_{0:k}^i$,$i=1,2,\cdots,N$。

(6) 状态转移

在 $k+1$ 时刻记录观测值,重复(2)~(6)步骤。

粒子滤波器的基本流程如图 2-3 所示。

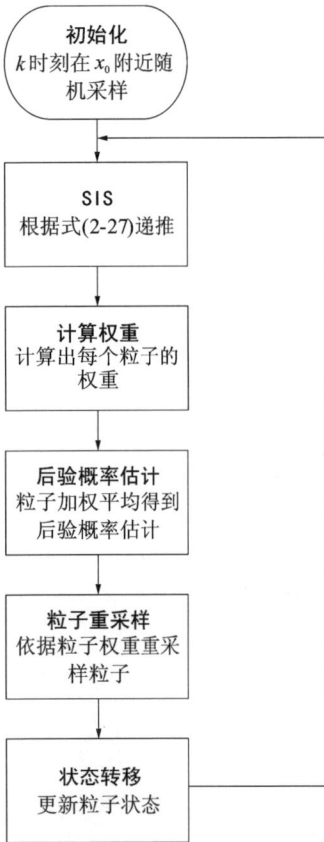

图 2-3　粒子滤波器基本流程

2.4　基于粒子滤波算法的目标跟踪

基于粒子滤波算法的所有应用都遵循了图 2-3 所示的基本流程,只是在具体的应用中,系统的状态方程、观测方程以及粒子的含义会有所不同。用于目标跟踪中的粒子,通常是指目标的状态信息,包含目标位置、大小、颜色、运动信息等。其具体实现步骤如下:

(1) 初始化

选定目标初始位置 X_0,并在 X_0 附近随机分布 N 个粒子。

(2) 获取粒子权重

假设系统处于 $X_1, X_2, \cdots, X_n$ 等状态,任意 $X_i(i = 1, 2, \cdots, n)$,我们称为一个粒子,代表以粒子为中心的图像块。每个粒子的位置、颜色、边缘等信息,共同组成当前时刻的状态。Z 为系统此时的观测值,根据历史信息可得到 $p(z_{1:k} \mid x_k)$。要估计目标的准确位置 X,就需要对粒子进行运算。每个粒子 X_i 对应一个矩形框,将框内颜色进行统计,可以得到一个 16 维的颜色直方图向量 H_i。每个颜色直方图有 16 个 bin,包含 16 个灰度值(0～255/16)。统计后,对 H_i 作归一化处理,使每个 bin 的平方和为 1,即为 16 维的单位矢量。

那么,每个 H_i 的权重 W_i 可以理解为是目标模板的颜色直方图 H 与 H_i 的内积,即每个 bin 的量相乘后相加。这代表了当前粒子所表示的图像区域和目标模板的相似度,权重越高,说明该粒子与目标越相似。根据 $W_i = e^{10\langle H, H_i \rangle}$ 计算出 $X_1, X_2, \cdots, X_n$ 的权重 $W_1, W_2, \cdots, W_n$,其中 $\langle H, H_i \rangle$ 表示内积运算。

(3) 预测当前位置

由得到的粒子 $X_1, X_2, \cdots, X_n$ 和相应的权重 $W_1, W_2, \cdots, W_n$ 加权平均,可估计系统状态: $X = X_i \cdot W_1 + X_2 \cdot W_2 + \cdots + X_n \cdot W_n$,这里 X_i 所表示的是区域中心的位置信息。所得的 X 近似等于后验概率估计,预测了目标的当前位置。

考虑到目标会发生亮度或形状的改变,因此要选择合理的机制更新目标模板。更新后的模板是旧模板与当前区域的线性加权所得。

(4) 粒子重采样

随着视频帧数的不断增多,权重就会越来越集中在一小部分粒子上,其他大部分粒子的权重都很小。在进入下一轮迭代以前,要重新分配粒子权重,使之都相同,因此就需要对粒子进行重新采样,即重新生成 N 个粒子 X_1', $X_2', \cdots, X_n'$。重新生成的粒子均来自于原粒子集 $X_1, X_2, \cdots, X_n$,其中权重大的粒子生成的新粒子多,权重小的粒子生成的新粒子就少。

(5) 状态转移

下一个时刻到来,对粒子进行更新,即由 X_i' 变为 X_i''。由于根据状态矩阵可以得到系统状态从 X_i' 转移为 X_i'' 的概率是 $p(x_k \mid x_{k-1})$,因此 X_i' 变成 X_i'' 的概率

和 $p(x_k \mid x_{k-1})$ 相等。

（6）重复以上（2）～（5）。

上面就是粒子滤波的框架，基本遵循粒子滤波算法原理的框架。

2.5　基于滤波理论的船舶跟踪实验及算法分析

基于以上滤波理论，分别对 Kalman 滤波器和粒子滤波器进行船舶跟踪实验，分析滤波理论应用于船舶跟踪可行性和效果。

2.5.1　基于卡尔曼滤波的船舶跟踪实验及分析

由于船舶在内河中的运动十分缓慢，近乎匀速直线运动，因此可看作线性高斯系统。Kalman 滤波器通过目标船舶在 k 时刻的状态和协方差，预测出其在 $k+1$ 时刻的状态和协方差；再与 $k+1$ 时刻目标的观测值进行对比，得到状态的后验估计，即目标船舶位置；并将此后验估计作为观测值更新状态矩阵，并估计下一时刻的位置信息，如此重复，实现实时跟踪的效果。

由于内河航运 CCTV 监控系统通过固定摄像头监控，采集到的视频均为二维图像，因此系统的状态方程和观测方程可以分别表示为：

$$\begin{bmatrix} X_k \\ Y_k \\ v_{xk} \\ v_{yk} \end{bmatrix} = \begin{pmatrix} 1 & 0 & T & 0 \\ 0 & 1 & 0 & T \\ 0 & 0 & 1 & 0 \\ 0 & 0 & 0 & 1 \end{pmatrix} \begin{bmatrix} X_{k-1} \\ Y_{k-1} \\ v_{xk-1} \\ v_{yk-1} \end{bmatrix} + \boldsymbol{W}(k) \tag{2-28}$$

$$\boldsymbol{Z}(k) = \begin{pmatrix} 1 & 0 & 0 & 0 \\ 0 & 1 & 0 & 0 \end{pmatrix} \boldsymbol{X}(k) + \boldsymbol{V}(k) \tag{2-29}$$

其中，状态变量 $\boldsymbol{X}(k) = (X_k \quad Y_k \quad v_{xk} \quad v_{yk})^{\mathrm{T}}$；$X_k$ 为船舶在 x 轴上的坐标，Y_k 为船舶在 y 轴上的坐标，v_{xk} 为船舶在 x 轴方向上的速度，v_{yk} 为船舶在 y 轴方向上的速度，T 为采样周期，$T=3$。

假设船舶在 x、y 方向上均做匀速直线运动，则：

$$v_{xk} = \frac{X_k - X_{k-1}}{T} \tag{2-30}$$

$$v_{yk} = \frac{Y_k - Y_{k-1}}{T} \tag{2-31}$$

$\boldsymbol{W}(k)$ 和 $\boldsymbol{V}(k)$ 为高斯白噪声向量，相应的方差 $\sigma_W = 1$，$\sigma_V = 1$。基于 Kalman 滤波器的船舶跟踪算法流程如图 2-4 所示。

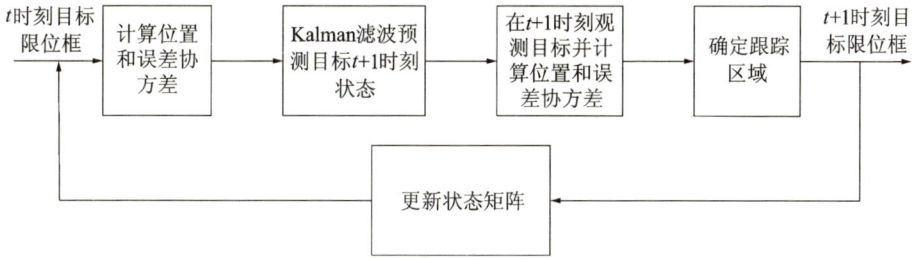

图 2-4　Kalman 滤波器跟踪算法流程

以 Matlab 2010 为实验平台进行 Kalman 滤波船舶跟踪实验,输入 1280×720 大小的 AVI 格式视频。得到实验结果如图 2-5 所示。

第 13 帧　　　第 337 帧　　　第 784 帧　　　第 1135 帧　　　第 1559 帧

图 2-5　复杂岸边环境中的船舶跟踪效果图

由图 2-5 可以看出,其选择的是一个船舶靠岸的视频。由于船舶运动速度缓慢,可以近似看作线性高斯系统,Kalman 滤波器在一段时间内可以完成船舶跟踪任务。如第 337 帧以前,Kalman 滤波器工作较为稳定,可以准确地估计出目标位置。随着帧数不断增多,预测开始出现小幅误差,如第 784 帧。到第 1135 帧时,误差的不断累积使限位框开始出现漂移,偏移目标船舶。最终在第 1559 帧时基本漂移到岸边停泊的船舶上,导致跟踪完全失败。

由此可见,Kalman 滤波器用于内河中的运动船舶跟踪问题时,是根据目标船舶的运动状态对其下一帧的位置进行预测,从而达到跟踪的目的,算法只与目标自身运动状况有关,受周围环境影响小。但是预测容易产生误差积累,随着视频帧数的增多,误差累积将最终导致预测不准确,跟踪失败。同时 Kalman 滤波器只能解决线性系统问题,对非线性运动的船舶不能采用 Kalman 滤波器来完成船舶跟踪任务。因此在内河船舶跟踪系统中,用 Kalman 滤波器做短时间的船舶运动轨迹的预测,并结合到其他的船舶跟踪的方法中是一个很好的思路。

2.5.2　基于粒子滤波的船舶跟踪实验及分析

(1) 粒子滤波的粒子数目对跟踪效果的影响

　　基于粒子滤波的船舶跟踪首先要确定粒子数,为了从感性上认识粒子数目对跟踪算法和效果的影响,分别选取不同的粒子数目对同一个视频进行船舶跟踪实验。

　　以 VC++6.0 为开发平台,输入 352×288 大小的 AVI 视频,选取粒子数目为 10、100、500、1000 和 5000,从跟踪的准确性和实时性两个方面,来分析粒子数不同对跟踪算法和效果产生的影响,如图 2-6 所示。

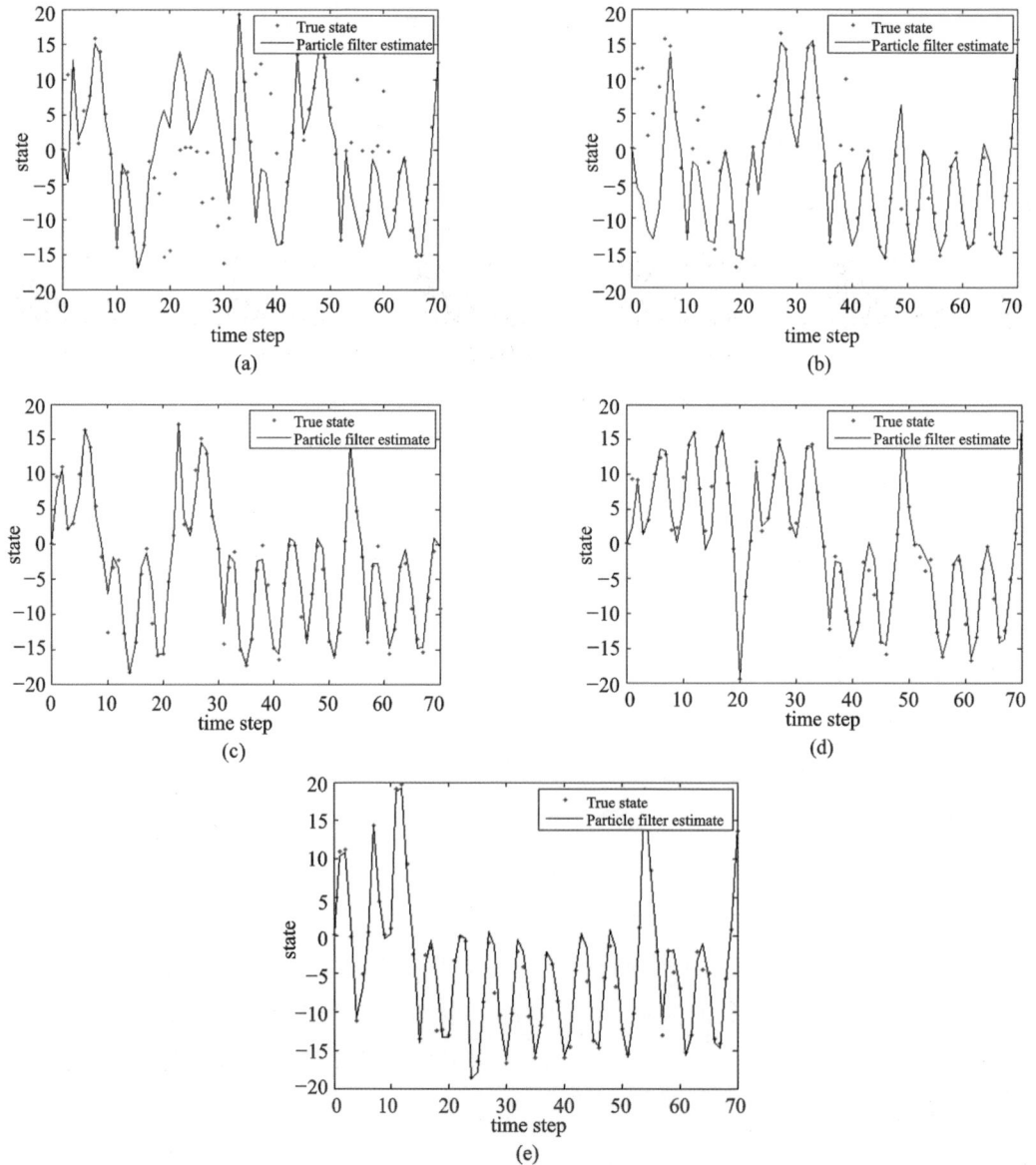

图 2-6　粒子数对跟踪效果的影响

(a)粒子数为 10;(b)粒子数为 100;(c)粒子数为 500;(d)粒子数为 1000;(e)粒子数为 5000

图 2-6 中的点代表了非线性函数的实际轨迹值,黑色曲线代表了粒子滤波算法的跟踪轨迹。假设误差定义为:

$$误差 = \sum_{i=1}^{k} \sqrt{(\hat{x}_i - x_i)^2}/k \qquad (2\text{-}32)$$

其中,$\hat{x}_i$ 为粒子滤波算法的跟踪值,x_i 为系统真实轨迹值。可以得到对应的误差见表 2-1。

表 2-1　粒子数对跟踪误差的影响

粒子数	10	100	500	1000	5000
误差	1.2101	0.8306	0.28963	0.14637	0.00274

由表 2-1 可见,当粒子数 N 为 10 时,跟踪轨迹无法反映目标的实际轨迹,对应的误差也很大;当 N 为 100 时,跟踪准确性有所提高,跟踪误差也有所改善;当 N 为 500 时,基本能满足跟踪对准确性的要求,误差也明显减小;当 N 为 5000 时,粒子滤波算法的跟踪轨迹非常逼近真实轨迹,误差值也极小。跟踪的准确性随选取的粒子数增多而变好,粒子数越多,跟踪轨迹就越逼近真实值,其误差也越小。

表 2-2 是粒子数分别为 10、100、500、1000 和 5000 时跟踪算法每帧需要耗费的计算时间。显然随着粒子数的增加,每帧计算量也相应增加。如果粒子数选择很多,完全可以满足跟踪准确性要求时,可能又无法满足跟踪对实时性的要求。如果选择的粒子过少,虽然可以满足实时性要求,却无法实现跟踪的准确性。为了平衡准确性和实时性的关系,选取合理的粒子数是基于粒子滤波的跟踪算法的关键。

表 2-2　粒子数对处理时间的影响

粒子数	10	100	500	1000	5000
每帧计算时间(ms)	15	32	125	188	937

(2)基于粒子滤波的船舶跟踪实验及分析

基于前面的分析,选择 500 个粒子进行船舶跟踪实验。同样是输入 1280×720 大小的 AVI 视频,抽取其中两组图片帧进行效果分析,如图 2-7 所示。

图 2-7(a)是目标船舶由离岸边较近处开往离岸边较远处的视频,船舶运动过程中还伴随着船舶视角的变化,粒子滤波跟踪器基本上都可以较为准确地定位船舶。而在图 2-7(b)中目标船舶缓慢靠岸,而岸边有和目标形态、颜

第15帧　　　第52帧　　　第384帧　　　第568帧　　　第763帧
(a)

第13帧　　　第337帧　　　第784帧　　　第1135帧　　　第1559帧
(b)

图 2-7　基本粒子滤波跟踪实验效果图

色均非常相似的船舶。从图 2-7(b)中可以看出,受岸边其他类似船舶的干扰,限位框渐渐发生了漂移。显然当目标船舶附近没有相似物干扰时,粒子滤波器跟踪效果比较理想;但当背景比较复杂,尤其是目标附近有很多障碍物形成干扰时,跟踪容易失败,限位框会漂移到相似物上去。

选取数量更大的粒子来进行船舶跟踪实验,仍然会出现跟踪限位框的飘移。这是因为跟踪中的某些粒子在计算中出现了误差,使得它们逐渐偏离了目标位置,而这些粒子却依然参与粒子滤波跟踪器的计算。在多次迭代后,粒子权重都集中在少数粒子中,大部分粒子都偏移了目标,最终导致粒子退化,目标丢失。

Kalman 滤波器是基于贝叶斯理论的最传统的方法,只适用于高斯、线性模型中的最优贝叶斯估计。实际上非高斯和非线性的系统更为常见,因此粒子滤波器的应用更为广泛,但是粒子退化的问题仍然需要更进一步研究解决。

本章参考文献

[1] GREWAL MS, ANDREWS AP. Applications of Kalman Filtering in Aerospace 1960 to the Present[J]. Control Systems IEEE,2010,30(3):69-78.

[2] 胡士强,敬忠良.粒子滤波算法综述[J].控制与决策,2005,20(4):361-365.

[3] 王绍钰.基于粒子滤波器的运动目标跟踪方法研究[D].长沙:中南大学, 2008.

[4] 虞旦,韦巍,张远辉.一种基于卡尔曼预测的动态目标跟踪算法研究[J].光电工程, 2009,36(1):52-56.

[5] 窦琴.智能监控视频中目标跟踪系统研究与应用[D].武汉:武汉理工大学,2009.

[6]　CHORIN AJ,TU X. A tutorial on particle filters for online nonlinear/nongaussian Bayesia tracking[J]. Esaim Mathematical Modelling & Numerical Analysis, 2012,46(3):535-543.

[7]　GUSTAFSSON F. Particle filter theory and practice with positioning applications [J]. Aerospace & Electronic Systems Magazine IEEE, 2010, 25 (7):53-82.

[8]　GORDON NJ, SALMOND DJ, SMITH AFM. Novel approach to nonlinear/non-Gaussian Bayesian state estimation[J]. IEEE Proceedings on Radar and Signal Processing, 2002, 140(2): 107-113.

[9]　DOUCET A, GODSILL S, ANDRIEU C. On sequential Monte Carlo sampling methods for Bayesian filtering[J]. Kluwer Academic Publishers,2000,10 (3) :197-208.

3　Mean Shift 内河船舶跟踪算法

Mean Shift 理论在图像聚类、图像平滑、边缘检测和图像分割等领域应用广泛,并取得了极大的成功。本章内容将探索 Mean Shift 理论在目标跟踪领域的应用,重点解决基于 Mean Shift 基础理论研究和设计适合内河特定场景下的船舶跟踪系统。

3.1　基本 Mean Shift 算法

为了解决概率密度梯度函数的求解问题,Fukunaga 等人在 1975 年最先提出了基本 Mean Shift 算法[1]。假定已知 d 维空间 R^d 中的 n 个样本点 x_i,定义 x 点的 Mean Shift 向量为:

$$M_h(x) = \frac{1}{k} \sum_{x_i \in S_h} (\boldsymbol{x}_i - \boldsymbol{x}) \tag{3-1}$$

式(3-1)中,$S_h(x) = \{y \mid (y-x)^T(y-x) \leqslant h^2\}$ 表示半径为 h 的高维球区域,在 n 个样本点中共有 k 个样本点落入 $S_h(x)$ 区域中。不难发现,$(\boldsymbol{x}_i - \boldsymbol{x})$ 是样本点 x_i 相对于点 x 的偏移向量,因此式(3-1)定义的 x 点处的 Mean Shift 向量 $M_h(x)$ 本质上是对落入区域 $S_h(x)$ 中的 k 个样本点相对于点 x 的偏移向量先求和,然后再取平均值计算得到。直观上,如果样本点 x_i 是从概率密度函数 $f(x)$ 中采样得到,由于非零的概率密度梯度指向概率密度增加最大的方向,因此从平均意义上而言,$S_h(x)$ 区域内的样本点将会更多地分布于概率密度梯度的方向,即对应的 Mean Shift 向量 $M_h(x)$ 将会指向概率密度梯度的方向。

如图 3-1 所示,最外层大圆圈表示球形区域 $S_h(x)$,内层白色圆圈表示分布在 $S_h(x)$ 区域内的样本点,内层实心黑色圆圈表示计算 Mean Shift 向量的基准点 x。箭头表示样本点相对于基准点 x 的偏移向量,不难发现,平均的偏移向量 $M_h(x)$ 指向样本分布最多的区域,也就是概率密度函数的梯度方向。

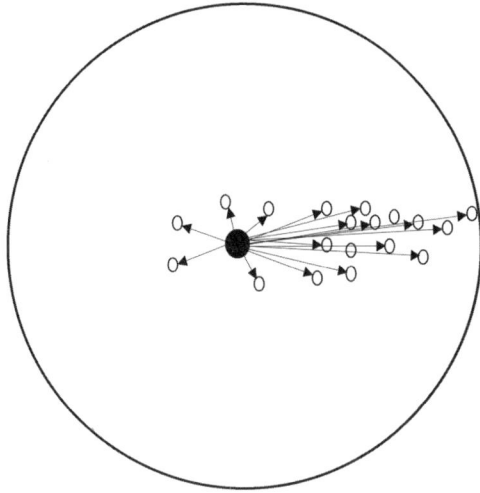

图 3-1　基本 Mean Shift 示意图

3.2　扩展 Mean Shift 算法

从式(3-1)不难发现,对 $S_h(x)$ 内的样本点,无论其距离基准点 x 远近,对最终 Mean Shift 向量 $\boldsymbol{M}_h(x)$ 的贡献程度是相等的。然而一般而言,距离基准点 x 越近的采样点对估计 x 的统计特性越有效,因此在计算 $\boldsymbol{M}_h(x)$ 时应该考虑不同样本点与基准点相对距离的因素。与此同时,样本点自身的重要性也有所差异,因此应该为每个样本都引入相应的权重系数。基于上述两点思考,就衍生出扩展形式的 Mean Shift 算法[2]:

$$M_h(x) = \frac{\sum\limits_{i=1}^{n} G_H(x_i - x) w(x_i)(x_i - x)}{\sum\limits_{i=1}^{n} G_H(x_i - x) w(x_i)} \quad (3-2)$$

式(3-2)中,$G_H(x_i - x) = |\boldsymbol{H}|^{-1/2} G[\boldsymbol{H}^{-1/2}(x_i - x)]$,$G(x)$ 表示单位核函数;$w(x_i) \geqslant 0$ 表示赋给采样点 x_i 的权重;$\boldsymbol{H}$ 是一个正定的对称矩阵(大小为 $d \times d$,一般称之为带宽矩阵)。在实际应用中,带宽矩阵 $\boldsymbol{H}$ 一般被限定为对角矩阵 $\boldsymbol{H} = \mathrm{diag}[h_1^2, \cdots, h_d^2]$,有时为了使问题得到简化,其取值往往直接正比于单位矩阵,即 $\boldsymbol{H} = h^2 \boldsymbol{I}$,此时仅仅需要确定系数 h 即可[3-6]。

由式(3-2)可知,另外一个非常重要的组成元素是核函数[2]。假定 $\boldsymbol{x}^{\mathrm{T}}$ 是 d 维欧氏空间 X 中的一个样本点,则其模为 $\|x\|^2 = \boldsymbol{x}^{\mathrm{T}}\boldsymbol{x}$,如果函数 $K: X \rightarrow R(R$ 表示实数域)存在剖面函数 $k:[0, \infty] \rightarrow R$,即 $K(x) = k(\|x\|^2)$,并且

满足下列条件:

① k 是非负的;

② k 是非增的,即如果 $a < b$,那么 $k(a) \geqslant k(b)$;

③ k 是分段连续的,并且 $\int_0^\infty k(r)\mathrm{d}r < \infty$。

那么,函数 $K(x)$ 就被称为核函数。有两类核函数在扩展 Mean Shift 算法中经常被用到:

① 单位均匀核函数:

$$F(x) = \begin{cases} 1, & \text{if } \parallel x \parallel < 1 \\ 0, & \text{if } \parallel x \parallel \geqslant 1 \end{cases} \quad (3\text{-}3)$$

② 单位高斯核函数:

$$N(x) = \mathrm{e}^{-\parallel x \parallel^2} \quad (3\text{-}4)$$

单位均匀核函数、单位高斯核函数如图 3-2 所示。

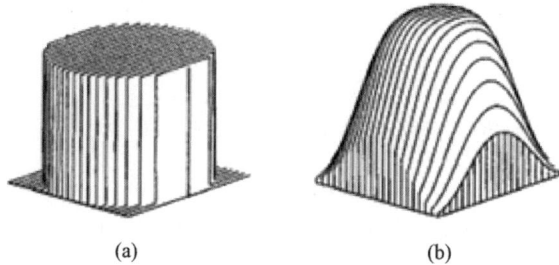

图 3-2　核函数

(a)单位均匀核函数;(b)单位高斯核函数

与此同时,核函数可以与均匀核函数相乘而截尾,如截尾的高斯核函数为:

$$(N^\beta F_\lambda)(x) = \begin{cases} \mathrm{e}^{-\beta \parallel x \parallel^2}, & \text{if } \parallel x \parallel < \lambda \\ 0, & \text{if } \parallel x \parallel \geqslant \lambda \end{cases} \quad (3\text{-}5)$$

图 3-3 显示了不同的 β、λ 值所对应的截尾高斯核函数。

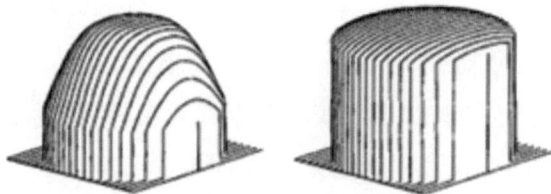

图 3-3　截尾高斯核函数

通过上述定义后,式(3-2)可以被重新写为:

$$M_h(x) = \frac{\sum_{i=1}^{n} G(\frac{x_i - x}{h}) w(x_i)(x_i - x)}{\sum_{i=1}^{n} G(\frac{x_i - x}{h}) w(x_i)} \qquad (3\text{-}6)$$

不难发现,如果对所有的采样点 x_i 同时满足:

① $w(x_i) = 1$;

② $G(x) = \begin{cases} 1, & \text{if } \| x \| < 1 \\ 0, & \text{if } \| x \| \geqslant 1 \end{cases}$。

则式(3-6)将会完全退化为式(3-1)。

3.3 Mean Shift 算法物理学含义

对概率密度函数 $f(x)$,假定已知 d 维空间 R^d 中的 n 个样本点 $x_i, i = 1,$ $2, \cdots, n$,则 $f(x)$ 的核函数估计(也称为 Parzen 窗估计)为:

$$\hat{f}(x) = \frac{\sum_{i=1}^{n} K\left(\frac{x_i - x}{h}\right) w(x_i)}{h^d \sum_{i=1}^{n} w(x_i)} \qquad (3\text{-}7)$$

概率密度函数 $f(x)$ 的梯度 $\nabla f(x)$ 的估计为:

$$\nabla \hat{f}(x) = \frac{2 \sum_{i=1}^{n} (x - x_i) k'\left(\left\|\frac{x_i - x}{h}\right\|^2\right) w(x_i)}{h^{d+2} \sum_{i=1}^{n} w(x_i)} \qquad (3\text{-}8)$$

又因 $g(x) = -k'(x)$,$G(x) = g(\| x \|^2)$,因此式(3-8)可以重写为:

$$\hat{\nabla} f(x) = \frac{2 \sum_{i=1}^{n} (x_i - x) G\left(\left\|\frac{x_i - x}{h}\right\|^2\right) w(x_i)}{h^{d+2} \sum_{i=1}^{n} w(x_i)}$$

$$= \frac{2}{h^2} \left[\frac{\sum_{i=1}^{n} G\left(\frac{x_i - x}{h}\right) w(x_i)}{h^d \sum_{i=1}^{n} w(x_i)} \right] \left[\frac{\sum_{i=1}^{n} (x_i - x) G\left(\left\|\frac{x_i - x}{h}\right\|^2\right) w(x_i)}{\sum_{i=1}^{n} G\left(\frac{x_i - x}{h}\right) w(x_i)} \right]$$

$$(3\text{-}9)$$

不难发现,式(3-9)中等式右端第二个中括号内的部分即为式(3-2)定义的 Mean Shift 向量,第一个中括号内的部分是以 $G(x)$ 为核函数对概率密度

函数 $f(x)$ 的估计 $\hat{f}_G(x)$。因此式(3-9)可以被重新写为：

$$\hat{\bigtriangledown} f(x) = \bigtriangledown \hat{f}_K(x) = \frac{2}{h^2} \hat{f}_G(x) M_h(x) \qquad (3\text{-}10)$$

因此有：

$$M_h(x) = \frac{1}{2} h^2 \frac{\bigtriangledown \hat{f}_K(x)}{\hat{f}_G(x)} \qquad (3\text{-}11)$$

式(3-11)表明，Mean Shift 向量 $M_h(x)$ 正比于归一化的概率密度函数 $\hat{f}_K(x)$ 的梯度，归一化因子为用核函数 $G(x)$ 估计的 x 点的概率密度。因此，Mean Shift 向量 $M_h(x)$ 总是指向概率密度增加最大的方向。

3.4　Mean Shift 船舶跟踪算法

由前述讨论可知，Mean Shift 算法从本质上说是一种非参数密度估计的迭代算法，因此 Mean Shift 目标跟踪算法[5,7]的基本思想即是在某一特征空间中反复迭代搜索样本点最密集的区域。如图 3-4 所示，搜索样本点沿着概率密度增加的方向朝局部概率密度极大值点移动，前后两次移动的距离会逐渐减少，当连续两次间的移动距离小于某一阈值时则停止迭代搜索样本点，并将当前位置作为目标在当前帧的位置。

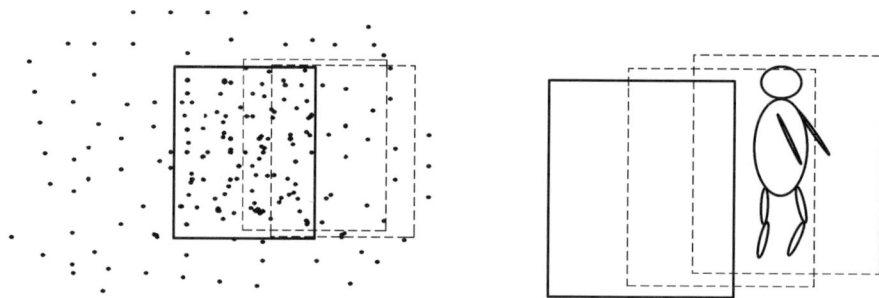

图 3-4　Mean Shift 目标跟踪算法

3.4.1　算法原理

在图像序列初始帧，用矩形框手动选定目标的方式实现对目标跟踪任务的初始化。矩形框目标区域对应于核函数作用的范围，其大小即为核函数的带宽。首先，对初始帧中目标区域内所有的像素点计算特征空间中每个特征值的概率；其次，与上一步类似，在后续帧中可能存在目标的候选区域，对其特征空间计算每个特征值的概率；最后，利用相似函数计算初始帧目标模型和当前帧候选模型的相似性,通过求取相似函数的最大值计算跟踪目标的 Mean Shift 向量,此向量即为需要从初始位置向正确位置移动的向量。由 Mean Shift 算法的收敛性,通过不断迭代,目标在当前帧中会按照预定义标准收敛到某一个点,从而达到跟踪的目的。可见,Mean Shift 目标跟踪算法主要包括目标模型描述、候选模型描述、相似性函数计算和目标定位 4 个步骤。

(1) 目标模型的描述

假设目标区域的中心为 x_0,目标区域共包括 n 个像素 $x_i(i=1,2,\cdots,n)$,特征值 bin 的数目为 m。则目标模型的特征值 $u=1,2,\cdots,m$ 估计的概率密度为:

$$\hat{q}_u = C \sum_{i=1}^{m} k\left(\left\|\frac{y-x_i}{h}\right\|^2\right) \delta[b(x_i)-u] \tag{3-12}$$

式(3-12)中,$k(\cdot)$ 表示核函数的轮廓函数,由于杂乱背景或场景中存在遮挡干扰的影响,目标模型中心区域附近的像素比其他区域像素更可靠,核函数的作用就是赋予目标区域中心像素较大的权值,而远离目标区域中心的像素则赋予较小的权值。与此同时,核函数 $k(\cdot)$ 还能消除不同大小目标在计算时的影响,实现将目标归一化大小的目的。$\delta(\cdot)$ 表示 delta 函数,$\delta[b(x_i)-u]$ 的作用是判断目标区域中像素 x_i 的值是否属于第 u 个 bin,属于则 $\delta(\cdot)$ 函数返回 1,否则返回 0。C 是满足 $\sum_{u=1}^{m} q_u = 1$ 的常量系数,因此有:

$$C = \frac{1}{\sum_{i=1}^{n} k\left(\left\|\frac{y-x_i}{h}\right\|^2\right)} \tag{3-13}$$

(2)候选模型的描述

除初始帧外,后续帧中可能包含目标的区域称为候选区域。与目标模型描述类似,假设某一候选区域中心坐标为 y,该区域中的像素用 $x_i(i=1,2,\cdots,n)$ 表示,候选模型的特征值 $u=1,2,\cdots,m$ 估计的概率密度为:

$$p_u = C_h \sum_{i=1}^{n} k\left(\left\|\frac{y-x_i}{h}\right\|^2\right) \delta[b(x_i)-u] \quad (u=1,2,\cdots,m) \tag{3-14}$$

式(3-14)中 C_h 为归一化因子,使得 $\sum_{u=1}^{m} \hat{p}_u = 1$。因此有:

$$C_h = \frac{1}{\sum_{i=1}^{n} k\left(\left\|\frac{y-x_i}{h}\right\|^2\right)} \tag{3-15}$$

（3）相似性函数

相似性函数的目标是定量表达跟踪目标和候选目标之间的相似程度,通常使用巴氏(Bhattacharyya)系数作为相似性函数:

$$\rho\left[\hat{p}(\hat{y}),\hat{q}\right]=\sum_{u=1}^{m}\sqrt{\hat{p}_u(\hat{y})\hat{q}_u} \tag{3-16}$$

可见,巴氏系数的值域为$[0,1]$,$\rho(\cdot)$的值越大,表示跟踪目标模型和候选目标模型越相似。当前帧不同候选区域计算得到的候选模型中,使得$\rho(\cdot)$最大的候选区域即为目标在当前帧的位置。

（4）目标定位

为了在当前帧中寻找使$\rho(\cdot)$最大的目标候选区域,以目标在上一帧位置y_0为起点迭代计算最优匹配的目标(中心为y)。将式(3-16)在$\hat{p}(\hat{y_0})$处按照泰勒公式展开,因此巴氏系数可近似为:

$$\rho\left[\hat{p}(\hat{y}),\hat{q}\right]=\frac{1}{2}\sum_{u=1}^{m}\sqrt{\hat{p}(\hat{y_0})\hat{q}_u}+\frac{C_h}{2}\sum_{i=1}^{n}w_ik\left(\left\|\frac{y-x_i}{h}\right\|\right) \tag{3-17}$$

式(3-17)中仅有第二项随y值变化,将该项重新记为:

$$f_{n,K}=\sum_{i=1}^{n_k}\frac{C_h}{2}w_ik\left(\left\|\frac{y-x_i}{h}\right\|^2\right) \tag{3-18}$$

不难发现,除去权值因子$w_i=\sum_{u=1}^{m}\sqrt{\dfrac{\hat{q}_u}{\hat{p}_u(\hat{y_0})}}$外,式(3-18)类似于核函数密度估计。因此使式(3-17)最大就等价于使式(3-18)最大。于是通过式(3-19)计算从初始候选区域中心y_0移向真实目标区域y的Mean Shift向量:

$$m_{h,G}(y)=y_1-y_0=\frac{\displaystyle\sum_{i=1}^{n_h}x_iw_ig\left(\left\|\frac{y_0-x_i}{h}\right\|^2\right)}{\displaystyle\sum_{i=1}^{n_h}w_ig\left(\left\|\frac{y_0-x_i}{h}\right\|^2\right)}-y_0 \tag{3-19}$$

式(3-19)中$g(x)=-k'(x)$表示核函数轮廓函数的负导数,式(3-19)的结果是以y_0为起点,将"旧位置"按照颜色变化最大的方向移动到"新位置"。与传统算法贪婪搜索策略相比,Mean Shift目标跟踪算法采用核概率密度描述被跟踪目标的特征,然后迭代计算均值偏移向量搜寻目标位置。总体而言,Mean Shift目标跟踪算法抗干扰能力较强,计算效率较高。

3.4.2　跟踪流程图

Mean Shift目标跟踪算法整体流程如图3-5所示。

```
                          ┌─────────┐
                          │   开始   │
                          └─────────┘
                               │
                  ┌────────────────────────┐
                  │ 读取初始帧图像,选定跟踪      │
                  │     目标,确定ε           │
                  └────────────────────────┘
                               │
                  ┌────────────────────────┐
                  │   计算目标特征值 q̂ᵤ       │
                  └────────────────────────┘
                               │
                  ┌────────────────────────┐◄───────────────┐
                  │     读取下一帧图像        │                │
                  └────────────────────────┘                │
                               │                            │
                  ┌────────────────────────┐                │
                  │ 计算候选目标特征值 p̂ᵤ(ŷ₀)  │                │
                  └────────────────────────┘                │
                               │                            │
                  ┌────────────────────────┐                │
                  │ 计算相似度 ρ̂[q̂ᵤ,p̂ᵤ(ŷ₀)] │                │
                  └────────────────────────┘                │
```

图 3-5 Mean Shift 算法整体流程图

3.4.3 程序设计步骤

假设目标模型为 $\{\hat{q}\}_{u=1,\cdots,m}$,在前一帧中位于 $\hat{y}_0$。程序设计步骤如下:

(1) 在当前帧中 $\hat{y}_0$ 位置计算目标的概率特征 $\{\hat{p}_u(\hat{y}_0)\}_{u=1,\cdots,m}$,并计算

$$\rho[\hat{p}(\hat{y}_0),\hat{q}] = \sum_{u=1}^{m} \sqrt{\hat{p}_u(\hat{y}_0)\hat{q}_u} ;$$

(2) 根据 $w_i = \sum_{u=1}^{m} \sqrt{\dfrac{\hat{q}_u}{\hat{p}_u(\hat{y}_0)}}$ 计算出 $\{w_i\}_{i=1,2,\cdots,n_k}$;

（3）使用 Mean Shift 向量根据式(3-20)计算新的位置 $\hat{y}_1$ ；

$$\hat{y}_1 = \frac{\sum\limits_{i=1}^{n_h} x_i w_i g\left(\left\|\dfrac{\hat{y}_0 - x_i}{h}\right\|\right)}{\sum\limits_{i=1}^{n_h} w_i g\left(\left\|\dfrac{\hat{y}_0 - x_i}{h}\right\|\right)} = \frac{\sum\limits_{i=1}^{n_h} x_i w_i}{\sum\limits_{i=1}^{n_h} w_i} \tag{3-20}$$

（4）计算候选目标概率特征 $\{\hat{p}_u(\hat{y}_1)\}_{u=1,\cdots,m}$ ，计算 $\rho[\hat{p}(\hat{y}_1),\hat{q}] = \sum\limits_{u=1}^{m} \sqrt{\hat{p}_u(\hat{y}_1)\hat{q}_u}$ ；

（5）如果 $\rho[\hat{p}(\hat{y}_1),\hat{q}] < \rho[\hat{p}(\hat{y}_0),\hat{q}]$ ，则 $\hat{y}_1 \leftarrow \dfrac{1}{2}(\hat{y}_0 + \hat{y}_1)$ ，再计算 $\rho[\hat{p}(\hat{y}_1),\hat{q}]$ ；

（6）若 $\|\hat{y}_0 - \hat{y}_1\| < \varepsilon$ ，则算法结束；否则 $\hat{y}_0 \leftarrow \hat{y}_1$ ，执行步骤(2)。

3.4.4　算法分析

一般而言，控制算法迭代次数的阈值 ε 应使 $\hat{y}_1$ 和 $\hat{y}_0$ 小于一个像素距离，如果 ε 取得更小则可以获得亚像素级别的精度。为了使跟踪系统满足实时性的需求，整个迭代过程执行的次数一般应在 20 次以内。大量实验表明，在绝大多数情况下，目标在新位置处的巴氏系数比在原来位置处的巴氏系数值有所增加(仅有约 0.1% 的可能性会下降)，因此实际执行过程中的平均迭代次数大约为 4 次。这是因为，算法在实际执行时，不需要进行步骤(5)，因而也无须在第(1)步和第(4)步中计算巴氏系数，而只需要迭代地计算步骤(2)中的权值、步骤(3)中新的目标位置和步骤(6)中的检验核函数移动的步长即可。

本章参考文献

[1]　FUKUNAGA K，HOSTETLER L. The estimation of the gradient of a density function, with application in pattern recognition[J]. IEEE Press，1975，21 (1)：32-40.

[2]　CHENG Y. Mean Shift，mode seeking and clustering[J]. IEEE Transactions on Pattern Analysis and Machine Intelligence，1995，17(8)：790-799.

[3]　BLACK MJ，JEPSON AD. Eigentracking：robust matching and tracking of articulated objects using a view-based representation[C]. European Conference on Computer Vision，1996，1064：329-342.

[4]　NING J，ZHANG L，ZHANG D，et al. Robust object tracking using joint colour

texture histogram[J]. International Journal of Pattern Recognition and Artificial Intelligence，2009，23(7)：1245-1263.

[5]　COMANICIU D，RAMESH V，MEER P. Real-time tracking of non-rigid objects using mean shift[C]. IEEE Conference on Computer Vision and Pattern Recognition，2002，2：142-149.

[6]　COLLINS RT. Mean-shift blob tracking through scale space[C]. IEEE Computer Society Conference on Computer Vision and Pattern Recognition，2003：II/234-II/240.

[7]　COMANICIU D，RAMESH V，MEER P. Kernel-based object tracking [J]. IEEE Computer Society，2003，25 (5)：564-575.

4 MIL 内河船舶跟踪算法

Tracking-by-Detection 类算法将对目标的视觉跟踪任务转化为对目标的自动检测,是目前视觉跟踪领域(Visual Tracking)的主流方法。然而用于训练和更新外观模型的正负样本的选择方式,现有文献中却很少涉及。最常见的做法是把跟踪器在当前帧的跟踪结果作为正样本,然后在跟踪结果周围区域采集负样本。这种策略的局限性体现在:一方面,如果跟踪结果不够精确,用于构建和更新外观模型的正样本就是次优的,随着时间的推移,外观模型容易发生漂移;另一方面,如果在当前帧跟踪结果周围小邻域范围内采样多个正样本的方式,外观模型容易产生歧义,导致判别性能降低。

基于 Tracking-by-Detection 思想构建内河船舶跟踪系统时,不可避免地会遭遇上述瓶颈。为了解决此问题,受目标检测领域 MIL (Multiple Instance Learning)学习算法[1]的启发,本章设计了一种在线加权 MIL 内河船舶跟踪算法。

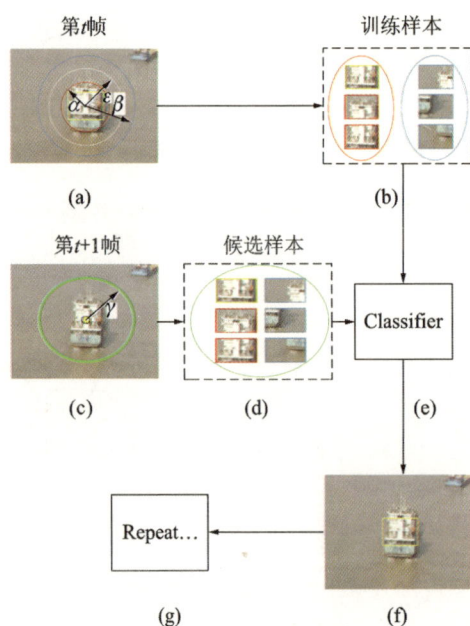

图 4-1 在线加权 MIL 内河船舶跟踪算法框架

4.1 算法原理

在线加权 MIL 内河船舶跟踪算法的整体框架如图 4-1 所示。

与其他 Tracking-by-Detection 类跟踪算法类似,在线加权 MIL 内河船舶跟踪算法主要包括三个核心部分,即图像的表示、运动模型和外观模型。为便于读者理解,将依次对三个模块进行详细阐述。

4.1.1 图像的表示

采用 Haar-like 特征实现对图像区域的定量描述。具体来说,每一维特征均是由 2～4 个在图像区域内随机生成的带有权重的矩形框特征构成。以图 4-2 为例，该 Haar-like 特征由 4 个蓝色矩形框所示的矩形框特征（R_1、R_2、R_3、R_4）构成，各矩形框特征权重分别为 s_1、s_2、s_3 和 s_4，因此该维 Haar-like 特征值 x 可由 $x = \sum_{i=1}^{4} s_i R_i$ 计算。

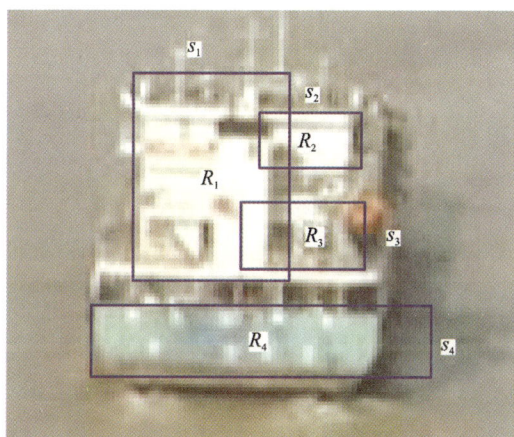

图 4-2 Haar-like 特征

为了提升图像表示阶段的效率，Haar-like 特征可以进一步通过积分图策略进行快速计算。以在图像 R_1 子区域 $ABCD$ 求取矩形框特征为例，假设已通过文献方式计算出图像积分图 I'，则矩形框特征 $R_1 = I'(A) + I'(D) - I'(B) - I'(C)$，如图 4-3 所示。

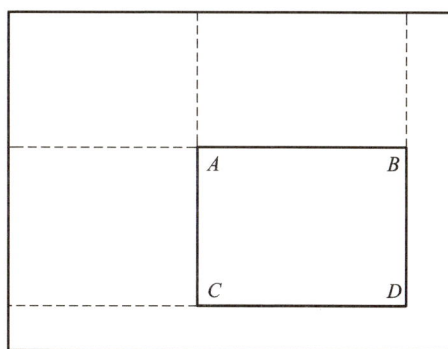

图 4-3 积分图

可见，积分图每次仅需执行 4 次内存查询，所以积分图策略的引入大大提升了图像表示阶段的效率。

4.1.2　运动模型

假定已知目标在第 $t-1$ 时刻的位置 l_{t-1}^*，为了计算目标在第 t 时刻的位置 l_t^*，以目标在第 $t-1$ 时刻的位置 l_{t-1}^* 为中心，s 为半径，采集候选样本集 $X^s = \{x \mid \|l(x) - l_{t-1}^*\| < s\}$，计算 X^s 中所有候选样本的后验概率 $p(y \mid x)$，使用贪婪搜索策略更新目标的位置，即：

$$l_t^* = l[\underset{x \in X^s}{\mathrm{argmax}}\, p(y \mid x)] \tag{4-1}$$

换言之，运动模型并没有维护目标在每一帧的位置分布来计算目标在新一帧的位置。目标在第 t 时刻的位置 l_t^* 是以相同几率出现在第 $t-1$ 时刻的位置 l_{t-1}^* 为中心、s 为半径的候选区域内的，即：

$$p(l_t^* \mid l_{t-1}^*) \propto \begin{cases} 1, & \text{if } \|l_t^* - l_{t-1}^*\| < s \\ 0, & \text{otherwise} \end{cases} \tag{4-2}$$

4.1.3　外观模型

假定已有训练集为 $\{(x_1, y_1), \cdots, (x_n, y_n)\}$，其中 x_i 表示某一实例在某一特定特征空间下对应的特征向量，$y_i \in \{0, 1\}$ 表示实例类标签，传统外观模型的目标是设计学习算法评估 $p(y \mid x)$。

（1）基础理论

根据贝叶斯理论，样本 x 属于正样本的概率可以表示为：

$$p(y=1 \mid x) = \frac{p(x \mid y=1)p(y=1)}{\sum\limits_{y \in \{0,1\}} p(x \mid y)p(y)} = \sigma\left[\ln \frac{p(x \mid y=1)p(y=1)}{p(x \mid y=0)p(y=0)}\right]$$

$$\tag{4-3}$$

式(4-3)中，$\sigma(x) = \dfrac{1}{1+e^{-x}}$ 是 S 函数，$y \in \{0,1\}$ 是样本 x 的标签。因此，$p(y=1 \mid x) = \sigma[H(x)]$，其中 $H(x) = \ln \dfrac{p(x \mid y=1)p(y=1)}{p(x \mid y=0)p(y=0)}$。进一步地，样本 x 可以用一个特征向量函数 $f(x) = [f_1(x), \cdots, f_K(x)]^{\mathrm{T}}$ 标记（K 表示特征向量的维度）。假设特征间相互独立并且具有相同的类先验分布[即 $p(y=0) = p(y=1)$]，因此有：

$$H(x) = \ln \frac{p(x \mid y=1)p(y=1)}{p(x \mid y=0)p(y=0)}$$
$$= \ln \frac{p[f(x) \mid y=1]p(y=1)}{p[f(x) \mid y=0]p(y=0)}$$

$$= \ln \frac{p[f(x) \mid y=1]}{p[f(x) \mid y=0]}$$

$$= \sum_{k=1}^{K} h_k(x) \tag{4-4}$$

式(4-4)中，$h_k(x) = \ln \dfrac{p[f_k(x) \mid y=1]}{p[f_k(x) \mid y=0]}$ 称之为弱分类器。由前述分析可知，弱分类器的设计和判别性能在跟踪系统中起着决定性的作用。

（2）在线加权 MIL 内河船舶跟踪系统

在 MIL 学习框架下，训练数据是以包的形式 $\{(X_1, y_1), \cdots, (X_n, y_n)\}$ 呈现，其中第 i 个包 $X_i = \{x_{i1}, x_{im}\}$ 表示由 m 个实例构成，y_i 表示包的标签。包的标签定义为：$y_i = \max_j y_{ij}$，y_{ij} 是训练时未知的实例标签。

事实上，一旦获得目标船舶在第 t 时刻的位置 l_t^*，需要采集训练样本对观测模型进行更新。一般学习算法的策略：要么设置 $r=1$ 然后采集唯一正样本，要么设置 $r>1$ 然后将所有实例都标记为正。与此相反地，在线加权 MIL 内河船舶跟踪算法以 l_t^* 为中心 $r(r<s)$ 为半径采集正包 X^r 实例，即 $X^r = \{x \mid \|l(x) - l_t^*\| < r\}$。从以 l_t^* 为中心、半径为 β 和 r 构成的环形区域 $X^{r,\beta} = \{x \mid r < \|l(x) - l_t^*\| < \beta\}$ 采集负样本，由于负样本数量远远超过正样本数量，因此从负样本集中随机选取与正样本数量相当的子集放入负包中。

假定总共采集 N 个正样本 $\{x_{1j}, j=0, \cdots, N-1\}$ 和 L 个负样本 $\{x_{0j}, j=N, \cdots, N+L-1\}$。不失一般性，假定样本 x_{10} 是当前帧的跟踪结果，将正负样本分别放入正负包 $\{X^+\}$ 和 $\{X^-\}$ 中。进一步假定实例标签与包标签一致，定义正包概率如下：

$$p(y_i \mid X_i) = 1 - \prod_{j=0}^{N+L-1} [1 - w_{j0} p(y_i \mid x_{ij})] \tag{4-5}$$

式(4-5)中，$p(y_1 = 1 \mid x_{1j})$ 表示样本 x_{1j} 的后验概率，w_{j0} 表示随着样本 x_{1j} 与 x_{10} 欧式距离的增加而单调递减的函数：

$$w_{j0} = \frac{1}{c} e^{-|l(x_{1j}) - l(x_{10})|} \tag{4-6}$$

式(4-6)中，$l(\bullet) \in R^2$ 表示坐标位置函数，c 表示归一化常数。不难发现，距离当前帧跟踪位置 x_{10} 越近的实例权重更大，意味着这些样本会比远离 x_{10} 的样本贡献更多的包概率。加权正包见图 4-4。

与正包不同，因为负包中的实例距离当前帧跟踪结果通常较远，因此简单起见可以假定负样本包中的实例对负包的贡献相等，即：

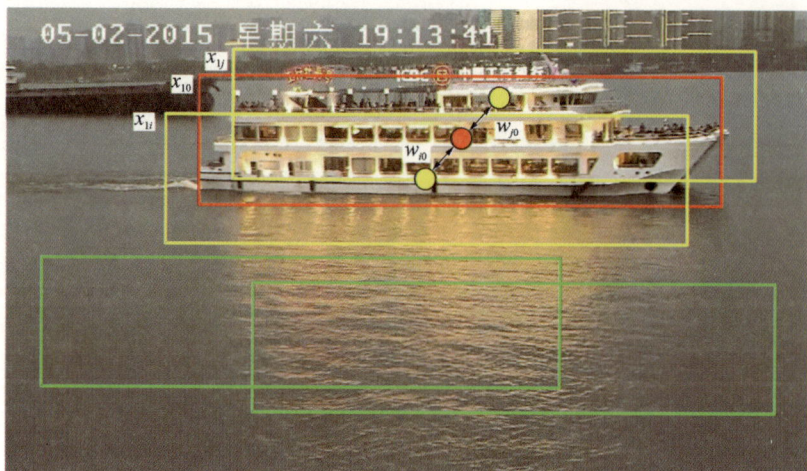

图 4-4　加权正包

$$p(y=0 \mid X^-) = \sum_{j=N}^{N+L-1} w p(y_0 = 0 \mid x_{0j}) = w \sum_{j=N}^{N+L-1} \left[1 - p(y_0 = 1 \mid x_{0j})\right]$$

(4-7)

式(4-7)中 w 表示权重系数。从式(4-5)和式(4-7)不难看出,正负包概率的设计较好地符合了 MIL 中包的定义,即若包中某一实例为正样本的可能性很高,则此包属于正包的可能性就越高,反之则该包更大可能属于负包。

与目标检测领域 MIL 学习算法类似,在线加权 MIL 内河船舶跟踪系统主要是基于提升框架,将多个弱分类器 $h(x)$ 组合构成强分类器,即:

$$H(x) = \sum_{k=1}^{K} \alpha_k h_k(x)$$

(4-8)

式(4-8)中, α_k 表示弱分类器的权重。由于在训练阶段实例标签未知,因此式(4-9)中定义的似然函数是基于包而非实例。同时,由于学习的目标是表达出 $p(y \mid x)$,因此需要表达出 $p(y_i \mid X_i)$,即某一包相对于包中实例而言属于正包的概率。最终,在线加权 MIL 内河船舶跟踪算法在统计学视角下的目标是最大化包的对数似然概率:

$$\log \mathcal{L} = \sum_i \log[p(y_i \mid X_i)]$$

(4-9)

要实现此目标,弱分类器按照如下标准顺序选出:

$$(h_k, \alpha_k) = \underset{h \in \Psi, \alpha}{\mathrm{argmax}} \, J(H_{k-1} + \alpha h)$$

(4-10)

式(4-10)中, H_{k-1} 是由前 $k-1$ 个弱分类器构成的强分类器, Ψ 是所有可能的弱分类器的集合。在所有时刻,学习算法都维持 $M(M > K)$ 个弱分类器 h

构成的特征池,在更新分类器时,所有弱分类器都同时更新。虽然样本是以包的形式进行传递,但是弱分类器是实例分类器,因此需要实例标签 y_{ij} 已知。但是事实上,在弱训练阶段,实例标签 y_{ij} 是未知的,只能退而求其次将包标签作为实例标签。然后按照如下标准从特征池中依次选择 K 个弱分类器 h:

$$h_k = \underset{h \in \{h_1, \cdots, h_M\}}{\mathrm{argmax}} \log \mathcal{L}(H_{k-1} + h) \tag{4-11}$$

具体步骤见表 4-1。

表 4-1 在线加权 MIL 特征选择

算法 1 在线加权 MIL 特征选择

输入:数据集 $\{X_i, y_i\}_{i=1}^N$,其中 $X_i = \{x_{i1}, x_{i2}, \cdots, x_{in}\}$,$y_i \in \{0, 1\}$

1. 用数据 $\{x_{ij}, y_i\}$ 更新特征池中的 M 个弱分类器;

2. 对所有的 i(包索引) 和 j,初始化 $H_{ij} = 0$;

3. For $k = 1$ to K do

4. For $m = 1$ to M do

5. $p_{ij}^m = \sigma[H_{ij} + h_m(x_{ij})]$

6. $p_i^m = 1 - \prod_j (1 - p_{ij}^m)$

7. $\mathcal{L}^m = \sum_i [y_i \log(p_i^m) + (1 - y_i) \log(1 - p_i^m)]$

8. End for

9. $m^* = \underset{m}{\mathrm{argmax}} \ \mathcal{L}^m$

10. $h_k(x) \leftarrow h_{m^*}(x)$

11. $H_{ij} = H_{ij} + h_k(x)$

12. End for

输出:强分类器 $H(x) = \sum_k h_k(x)$ 及实例概率 $p(y \mid x) = \sigma[H(x)]$

将弱分类器的条件概率分布建模为高斯分布,即 $p[f_k(x) \mid y_i = 1] \sim N(\mu_1, \sigma_1)$ 并且 $p[f_k(x) \mid y_i = 0] \sim N(\mu_0, \sigma_0)$。当弱分类器获得新数据 $\{(x_1, y_1), \cdots, (x_n, y_n)\}$ 后,使用如下策略对参数进行更新:

$$u_1 \leftarrow \eta u_1 + (1 - \eta) \overline{\mu} \tag{4-12}$$

$$\sigma_1 \leftarrow \sqrt{\eta(\sigma_1)^2 + (1 - \eta) \frac{1}{N} \sum_{y_i = 1} [f_k(x) - \overline{\mu}]^2 + \eta(1 - \eta)(\mu_1 - \overline{\mu})^2}$$

$$\tag{4-13}$$

式(4-12)中,$\overline{\mu} = \frac{1}{N} \sum_{y_i = 1} f_k(x)$ 表示从当前帧采集的正样本中提取的第 k

维特征的均值；η 表示常数学习率，用以维持图像序列前序帧和当前帧的平衡。μ_0 和 σ_0 的更新方式与此类似。事实上，由概率论基础理论易知弱分类器在第 t 时刻的均值 μ_t 和 σ_t 的最大似然估计分别为 $\tilde{\mu}_t = \dfrac{1}{m+n} \sum\limits_{i=0}^{m+n-1} f(x_i)$ 和 $\tilde{\sigma}_t = $

$\sqrt{\dfrac{1}{m+n} \sum\limits_{i=0}^{m+n-1} f(x_i - \tilde{\mu}_t)^2}$ ，因此有：

$$
\begin{aligned}
\tilde{\mu}_t &= \frac{1}{m+n} \sum_{i=0}^{m+n-1} f(x_i) \\
&= \frac{1}{m+n} \left[\sum_{i=0}^{n-1} f(x_i) + \sum_{i=n}^{m+n-1} f(x_i) \right] \\
&= \eta \frac{1}{n} \sum_{i=0}^{n-1} f(x_i) + (1-\eta) \frac{1}{m} \sum_{i=n}^{m+n-1} f(x_i) \\
&= \eta \tilde{\mu}_{t-1} + (1-\eta) \tilde{\mu}
\end{aligned}
\tag{4-14}
$$

$$
\begin{aligned}
\tilde{\sigma}_t &= \sqrt{\frac{1}{m+n} \sum_{i=0}^{m+n-1} f(x_i - \tilde{\mu}_t)^2} \\
&= \sqrt{\frac{1}{m+n} \sum_{i=0}^{m+n-1} f^2(x_i) - \tilde{\mu}_t^2} \\
&= \sqrt{\frac{1}{m+n} \left[\sum_{i=0}^{n-1} f^2(x_i) + \sum_{i=n}^{m+n-1} f^2(x_i) \right] - \left[\eta \tilde{\mu}_{t-1} + (1-\eta)\tilde{\mu} \right]^2} \\
&= \sqrt{\frac{1}{m+n} (n\tilde{\sigma}_{t-1}^2 + m\tilde{\sigma}_t^2) + \frac{1}{m+n}(n\tilde{\mu}_{t-1}^2 + m\tilde{\mu}^2) - \left[\eta \tilde{\mu}_{t-1} + (1-\eta)\tilde{\mu} \right]^2} \\
&= \sqrt{\eta \tilde{\sigma}_{t-1}^2 + (1-\eta)\tilde{\sigma}^2 + \eta(1-\eta)(\tilde{\mu}_{t-1} - \tilde{\mu})^2}
\end{aligned}
$$

$$
\tag{4-15}
$$

因此，每个弱分类器 h_k 就由一个 Haar-like 特征 f_k 和在线更新的 4 个参数（$\mu_1,\sigma_1,\mu_0,\sigma_0$）共同构成。

4.2　算法分析

在利用 Tracking-by-Detection 思想构建内河船舶跟踪系统时，样本的二义性是需要解决的重点和难点问题。这类问题在目标检测领域较为常见，因为正样本的采集方式没有统一模式，即目标船舶真实位置是未知的，因此以 Viola 为代表的研究者认为目标检测这种固有的二义性使得用传统方法构建目标分类器就更加困难[2]。

　　图 4-5 展示了部分具有代表性的判别外观模型。受在线集成算法启发，Grabner 等人[3]提出了一种在线提升特征选择算法[图 4-5(a)]。该算法使用跟踪器在当前帧的跟踪结果作为唯一正样本和若干负样本构造和更新分类器。如果目标位置不够精确，采集的正样本会带来噪声，造成外观模型误差积累并最终发生跟踪漂移。为了缓解跟踪漂移问题，文献[4]提出了一种半监督算法。在此算法中，仅仅在第一帧标记样本的标签，其他帧的训练样本未被标记。该算法非常适合目标完全离开视觉范围的场景，缺点是算法抛弃了目标运动的先验信息（如运动缓慢目标船舶帧间运动轨迹相对平滑），因此舍弃了非常多的有用信息。图 4-5(c)所示的半监督学习算法[5]以同时采集多个正样本和负样本的方式更新在线分类器：在当前帧目标位置周围采集正样本，在远离当前帧目标位置区域采集负样本。这种"远"与"近"相对位置的度量标准差异正是产生样本二义性的根源。受人脸检测领域样本二义性解决策略启发，文献[6,7]提出了一种在线多实例学习（MIL）特征选择方法。样本以包的方式进行组合，样本标签是针对包而不是某个具体实例。正样本包至

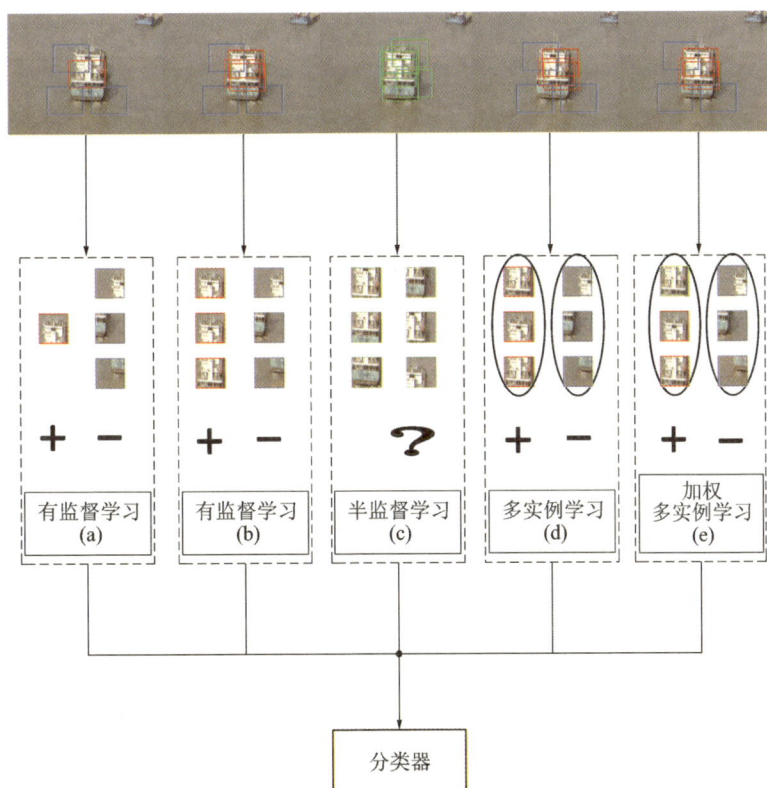

图 4-5　部分具有代表性的判别外观模型

少包括一个正样本实例,否则该样本包被标记为负。因此目标检测的二义性就被转移至学习算法,而学习算法的目标就是去判定正样本包中哪个实例最为精确。从直观上说,上述策略会使得学习任务变得更加困难(因为学习算法获得的信息更少)。但是从另外一个角度而言,学习任务可能变得容易,因为学习算法在寻求决策边界的时候可以更加灵活。MIL 学习方式能够在一定程度上跟踪漂移问题,MIL 跟踪算法中 Noisy-OR 模型没有包含不同正样本重要性信息,因此,算法容易选择出判别性能较低的特征。

与上述策略明显不同的是,文献[8]与本章提出算法充分考虑了不同样本携带信息的重要性差异。具体来说,靠近当前帧目标位置的样本将比远离当前帧目标位置的样本获得更大的权重,因此对包概率的贡献将会更大。式(4-5)与式(4-6)定义的正包概率表明,在构造包概率表达式时,既要更加满足MIL 对包的定义,又要将样本重要性权值自然地融入学习过程,能够更好地缓解样本二义性问题带来的干扰,建立更具判别性的外观模型。

Freund 等人[9]提出了 AdaBoost 在线提升特征选择算法。使用贪婪策略顺序训练若干弱分类器,然后用 AdaBoost 算法从特征池中选择特征子集。具体做法是:将训练好的弱分类器对训练样本进行分类,被弱分类器分类错误的样本将会获得更大的权重,最后再将更新后的弱分类器线性组合成强分类器。Oza[10]提出了在线版本的 Adaboost 算法,但是如果弱分类器是决策桩等弱分类器,该算法无法实现特征选择。文献[9,10]的算法依赖于 AdaBoost算法中指数损失函数的特殊性质,因此不适用于样本二义性问题。为了提高特征选择的有效性,也有文献采用了其他形式的损失函数,如文献[11]采用了逻辑回归函数,文献[12,13]采用了在线梯度提升方式。MIL 提升特征选择的是批处理算法,意味着需要事先收集完整的训练数据,因此不能用在线的方式进行训练。

同时应该注意到,在训练弱分类器时,用包标签取代实例标签进行计算不是最优的,因为正包中的实例并非是真正意义上的正样本。虽然式(4-5)是根据当前样本计算的,但是在线弱分类器的训练和更新保留了先前样本的信息,因此不会出现对当前过拟合的情况。此外,目标运动模型可以用粒子滤波等其他更为复杂有效的方式替代。虽然 Haar-like 特征对旋转和尺度干扰有一定抗性,但是从算法整体而言,除了跟踪目标位置外,还可以跟踪目标的尺度和旋转量等。

本章参考文献

［1］　DIETTERICH TG，LATHROP RH，LOZANO P，et al. Solving the multiple instance problem with axis-parallel rectangles[J]. Elsevier Science Publishers Ltd.，1997，89(1-2)：31-71.

［2］　VIOLA P，PLATT JC，ZHANG C. Multiple instance boosting for object detection [C]// International Conference on Neural Information Processing Systems. MIT Press，2005：1417-1424.

［3］　GRABNER H，GRABNER M，BISCHOF H. Real-time tracking via online boosting[C]. British Machine Vision Conference，2013：47-56.

［4］　GRABNER H，LEISTNER C，BISCHOF H. Semi-supervised online boosting for robust tracking[C]. European Conference on Computer Vision，2008，5302：234-247.

［5］　BABENKO B，YANG MH，BELONGIE S. Visual tracking with online multiple instance learning[C]. IEEE Conference on Computer Vision and Pattern Recognition，2009，33(8)：983-990.

［6］　TENG F，LIU Q，ZHU L，et al. Robust multi-scale ship tracking via extended MIL tracker[J]. International Conference on Electrical & Electronics Engineering，2014：177-182.

［7］　TENG F，LIU Q，GAO X，et al. Real-time ship tracking via enhanced MIL tracker[C]. IETET, Conference Publishing System，Kurukshetra，India，2013：399-404.

［8］　ZHANG K，SONG H. Real-time visual tracking via online weighted multiple instance learning[J]. Pattern Recognition，2013，46(1)：397-411.

［9］　FREUND Y，SCHAPIRE RE. Decision-theoretic generalization of on-line learning and an application to boosting[J]. Journal of Computer and System Sciences，1997，55(1)：119-139.

［10］　OZA N. Online Ensemble Learning[M]. University of California，Berkeley，2001.

［11］　FRIEDMAN J，HASTIE T，TIBSHIRANI R. Additive logistic regression：a statistical view of boosting[J]. Annals of Statistics，2000，28：337-407.

［12］　FRIEDMAN J. Greedy function approximation：a gradient boosting machine[J]. Annals of Statistics，2001，29：1189-1232.

［13］　LEISTNER C，SAFFARI A，ROTH PM，et al. On robustness of online boosting—a competitive study[C]// IEEE International Conference on Computer Vision Workshops. IEEE，2010：1362-1369.

5 随机投影内河船舶跟踪算法

CT(Compressive Tracking)算法[1]是在 2012 年计算机视觉顶级会议 ECCV(European Conference on Computer Vision)上提出的,是一种典型的基于随机投影理论的视觉跟踪算法。CT 算法简单高效,一经提出便吸引了大批视觉跟踪领域研究者的持续关注。在近期被广泛使用的视觉跟踪 benchmark 中,CT 算法的各项综合性能评定指标也名列前茅,俨然已经成为视觉跟踪领域的主流算法。截至目前,CT 算法已被累积引用 610 次,其扩展到 2014 年度计算机视觉顶级期刊 T-PAMI(IEEE *Transactions on Pattern Analysis and Machine Intelligence*)的 *Fast Compressive Tracking*[2]一文也已经被累积引用 77 次,这在视觉跟踪领域是非常罕见的,足以证明 CT 投影跟踪算法在视觉跟踪领域的影响力。

5.1 随机投影理论

Emmanuel Candes 和 Terence Tao 等人于 2005—2006 年提出了随机投影理论[3,4],在此基础上,David Donoho、Emmanuel Candes 和 Terence Tao 等人于 2006 年提出了压缩感知理论[5],随机投影理论和压缩感知理论在信号观测和处理领域都取得了极大的成功。随机投影理论跟压缩感知理论有很多相似之处,它们都是基于以下等式:

$$v = Rx \tag{5-1}$$

随机观测矩阵 $R \in \mathbb{R}^{n \times m}$ 将高维原始信号 $x \in \mathbb{R}^m$ 投影到低维特征空间 v, $v \in \mathbb{R}^n$,其中,$n \ll m$。如果原始信号 x 是图像或音频等 K 稀疏信号,即原始信号 x 可以通过 K 个基线性表示,则可以利用很少量的观测值 v 重构原始信号 x。压缩感知理论中的约束等距性质(Restricted Isometry Property,RIP)[3-5]表明,利用随机观测矩阵 R 进行随机投影而不损失 K 稀疏信号信息的充要条件是随机观测矩阵 R 能够保留任意两个具有相同 K 个基的 K 稀疏信号 x_1 和 x_2 的距离,即:

$$(1-\varepsilon)\|x_1 - x_2\|_{l_2}^2 \leqslant \|Rx_1 - Rx_2\|_{l_2}^2 \leqslant (1+\varepsilon)\|x_1 - x_2\|_{l_2}^2 \tag{5-2}$$

与 RIP 性质密切相关的还有 Johnson-Lindenstrauss(J. L.)Lemma[6]:

若随机观测矩阵 $\boldsymbol{R} \in \mathbb{R}^{n \times m}$ 中的元素 $R(i,j) = r_{ij}$ 被定义为：

$$r_{ij} = \begin{cases} +1, & \text{with probability } 1/2 \\ -1, & \text{with probability } 1/2 \end{cases} \text{ 或者 } r_{ij} = \sqrt{3} \times \begin{cases} +1, & \text{with probability } 1/6 \\ 0, & \text{with probability } 2/3 \\ -1, & \text{with probability } 1/6 \end{cases}$$

则 $(1-\varepsilon) \parallel \boldsymbol{x}_1 - \boldsymbol{x}_2 \parallel_{l_2}^2 \leqslant \dfrac{1}{\sqrt{n}} \parallel \boldsymbol{R}\boldsymbol{x}_1 - \boldsymbol{R}\boldsymbol{x}_2 \parallel_{l_2}^2 \leqslant (1+\varepsilon) \parallel \boldsymbol{x}_1 - \boldsymbol{x}_2 \parallel_{l_2}^2$ 将以超过 $1 - d^{-\beta}$ 的概率成立，其中 $\boldsymbol{x}_1$ 和 $\boldsymbol{x}_2$ 表示由 d 个特征点构成的高维特征空间 $\mathbb{R}^m$ 中的任意两个特征点，$n \geqslant \dfrac{(4+2\beta)}{\varepsilon^2/2 - \varepsilon^3/3} \ln d$ 表示一正整数，$0 < \varepsilon < 1$，$\beta > 0$ 表示常数。

Baraniuk 等在文献[7]中证明了满足 J. L. Lemma 的随机观测矩阵也同时满足 RIP，因此能够确保对 K 稀疏信号进行随机投影而不损失全局信息，也能够从 v 中以较小误差高概率地重构 x。在随机观测矩阵满足 J. L. Lemma 的条件下，由于音频和图像的低维投影特征 v 几乎保留了原始信号的所有信息，因此可以分析其低维投影 x 来分析原始高维信号。更为直接地，满足 J. L. Lemma 的随机观测矩阵 $\boldsymbol{R}$ 能够在适当维度的低维空间中高概率地保持高维空间中特征向量间的距离。

随机投影理论与压缩感知理论的不同之处在于，压缩感知理论需要设计信号重构算法由观测值 v 重构原始信号 x，而随机投影理论是直接利用低维投影 v 去分析原始信号 x。但是，压缩感知理论确保了原始信号中冗余信息的剔除，判别信息的保留，这些特性对设计视觉跟踪系统大有裨益。

5.2　算法原理

从类别而言，CT 投影跟踪算法是典型的 Tracking-by-Detection 类跟踪算法。假设目标在第 t 帧的位置 I_t 是已知的，为了计算目标在第 $t+1$ 帧的位置，首先在第 $t+1$ 帧图像中以上一帧目标位置 I_t 为中心采集候选样本集 $D^\gamma = \{z \mid \parallel I(z) - I_t \parallel < \gamma\}$，如图 5-1(a) 蓝色矩形框所示。与多尺度滤波器组[图 5-1 (c)]进行卷积运算以定量地表示每个样本 $z \in \mathbb{R}^{w \times h}$，其中多尺度滤波器组定义为：

$$h_{i,j}(x,y) = \begin{cases} 1, & 1 \leqslant x \leqslant i, 1 \leqslant y \leqslant j \\ 0, & \text{otherwise} \end{cases} \tag{5-3}$$

将不同尺度卷积图像规范成列向量并首尾串接，就获得了样本图像的定

量表示 $x \in \mathbb{R}^m$ [图 5-1(d)]。

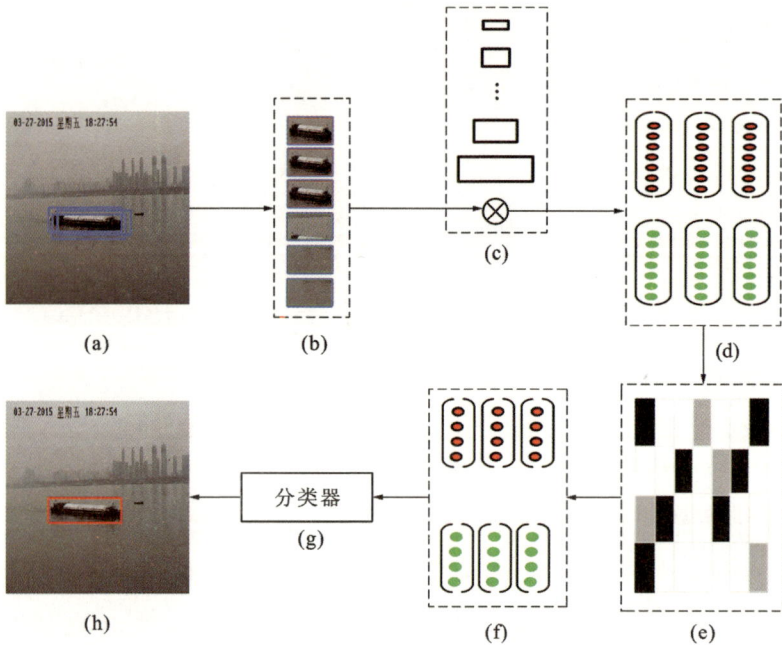

图 5-1　计算目标在第 $t+1$ 帧的位置

由式(5-1)不难看出,样本图像的定量表示 $x \in \mathbb{R}^m$ 的维度 $m = (w \times h)^2$。因此,对于一般的样本图像大小($50 \times 50 \sim 100 \times 100$),样本维度的数量级在 $10^6 \sim 10^8$,给存储和运算量都带来了巨大的负担。样本图像更大的话,则会带来维数灾难。文献中设计了一种随机观测矩阵 $R \in \mathbb{R}^{n \times m}$,矩阵元素定义如下:

$$r_{i,j} = \sqrt{s} \times \begin{cases} 1, & \text{with probability } \dfrac{1}{2s} \\ 0, & \text{with probability } \left(1 - \dfrac{1}{s}\right) \\ -1, & \text{with probability } \dfrac{1}{2s} \end{cases} \quad (5\text{-}4)$$

利用式(5-1)对原始信号 $x \in \mathbb{R}^m$ 进行随机投影[图 5-1(e)]获得候选样本在低维特征空间的表示[图 5-1(f)]。如前所述,压缩感知/随机投影理论保证了能够在低维特征空间对原始高维信号进行等效处理。要确定目标在第 $t+1$ 帧的位置,采用在线更新分类器[图 5-1(g)]对第 $t+1$ 帧图像采集的候选样本进行评估,分类置信度最高的候选样本即为目标在当前帧的位置。

图 5-2 描述的是分类器在第 t 帧的训练及更新过程。首先,在第 t 帧图像上采集正负训练样本。具体地,在靠近 I_t 附近采集正样本训练集 $D^\alpha =$

$\{z \mid \parallel I(z) - I_t \parallel < \alpha\}$，在远离 I_t 的图像区域中采集负样本训练集 $D^{\zeta,\beta} = \{z \mid \zeta < \parallel I(z) - I_t \parallel < \beta\}$［图 5-2(a)、(b)］。和候选样本集类似，将训练样本集中的样本与多尺度滤波器做卷积操作，进行随机投影以获得训练样本的低维表示［图 5-2(c)～(f)］。不失一般性，假定某一样本的低维表示 $\boldsymbol{v} = (v_1, v_2, \cdots, v_n)^{\mathrm{T}} \in \mathbb{R}^n$，假设 $\boldsymbol{v}$ 中各元素相互独立，用朴素贝叶斯分类器计算该样本属于目标的置信度：

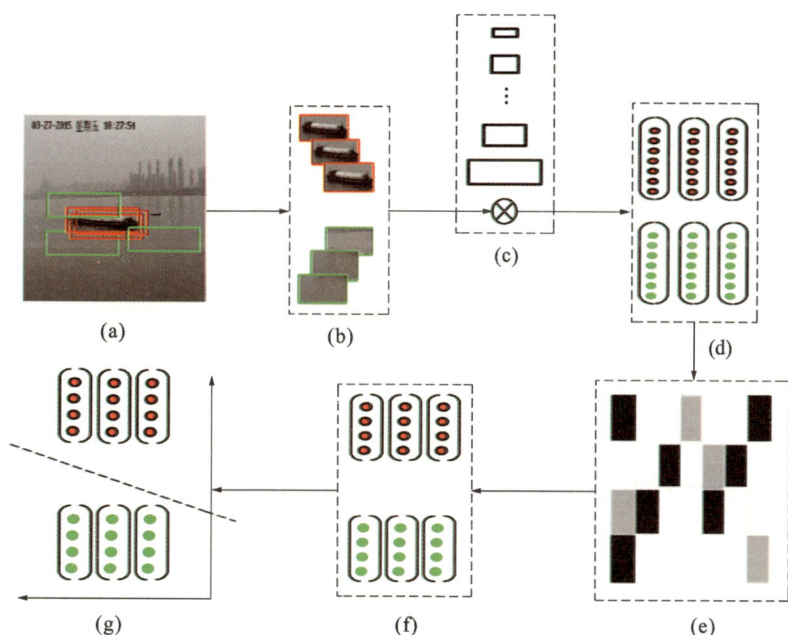

图 5-2　第 t 帧训练在线分类器

$$H(\boldsymbol{v}) = \ln \frac{\prod_{i=1}^{n} p(v_i \mid y = 1) p(y = 1)}{\prod_{i=1}^{n} p(v_i \mid y = 0) p(y = 0)} = \ln \frac{\prod_{i=1}^{n} p(v_i \mid y = 1)}{\prod_{i=1}^{n} p(v_i \mid y = 0)}$$

$$(5\text{-}5)$$

式(5-5)中，$y \in \{0,1\}$ 代表样本正负标签的变量，右侧等式成立的原因是基于 $p(y=1) = p(y=0) = 0.5$，即某一特征属于目标／背景的先验概率相等。条件概率 $p(v_i \mid y = 1)$ 和 $p(v_i \mid y = 0)$ 可以被描述成分别满足参数 (μ_i^1, σ_i^1) 和 (μ_i^0, σ_i^0) 的高斯分布。以公式化形式可以表示为：

$$p(v_i \mid y = 1) \sim N(\mu_i^1, \sigma_i^1) \qquad (5\text{-}6)$$

$$p(v_i \mid y = 0) \sim N(\mu_i^0, \sigma_i^0) \qquad (5\text{-}7)$$

由最大似然估计可以推导出式(5-6)和式(5-7)中的参数增量式更新方式如下：

$$\mu_i^1 \leftarrow \lambda \mu_i^1 + (1-\lambda)\mu^1 \tag{5-8}$$

$$\sigma_i^1 \leftarrow \sqrt{\lambda(\sigma_i^1)^2 + (1-\lambda)(\sigma^1)^2 + \lambda(1-\lambda)(\mu_i^1-\mu^1)^2} \tag{5-9}$$

式(5-8)和式(5-9)中,$\lambda > 0$ 表示学习速率,$\mu^1 = \dfrac{1}{n}\sum\limits_{k=0|y=1}^{n-1}v_i(k)$ 和 $\sigma^1 = \sqrt{\dfrac{1}{n}\sum\limits_{k=0|y=1}^{n-1}[v_i(k)-\mu^1]^2}$ 表示由当前帧样本计算的分类器均值和方差,μ^0 和 σ^0 的计算方式与 μ^1 和 σ^1 类似。

在第 $t+1$ 帧,使式(5-5)中 $H(v)$ 取得最大值的候选样本即为目标在第 $t+1$ 帧的位置。然后在第 $t+1$ 帧执行和第 t 帧相同的分类器更新步骤以判定目标在第 $t+2$ 帧的位置,此过程一直迭代下去直至图像序列结束。

5.3 算法分析

总体而言,CT 投影跟踪算法的最大优势是其简单和高效性。概括来说,主要有两个方面的因素:第一,设计的随机观测矩阵 $\boldsymbol{R} \in \mathbb{R}^{n \times m}$ 非常稀疏,便于存储和运算,同时随机投影理论确保了能够通过低维投影特征分析原始高维信号,实现了冗余信息的有效剔除及判别性能的完整保留;第二,随机观测矩阵 $\boldsymbol{R}$ 独立于训练样本,对所有训练样本均使用相同的随机观测矩阵进行随机投影,避免了自学习过程的误差对判别性能的影响。但是,CT 投影跟踪算法也有自身的局限性,如不能自适应目标在运动过程中的尺度变化,对场景中的背景杂乱和光照变化干扰非常敏感,当目标存在部分遮挡时容易导致跟踪漂移等情况,具体体现为以下几个方面:

5.3.1 原始信号属性

图像的表示形式决定了图像原始信号的属性,定义了随机投影的作用域,更为重要的是决定了低维特征空间的范围。为了便于理解,将式(5-1)形象化地描述成图 5-3 所示内容。

由图 5-3 容易观察到,当随机观测矩阵定义为式(5-4)时,低维特征 $v \in \mathbb{R}^n$ 的每一个元素 v_i 是空间分布的不同尺度矩形区域亮度和的加权线性组合,是被广泛使用的 Haar 特征的拓展形式。亮度特征能够较好地把握图像区域整体性的同时,也具有一定的抗噪特性。在计算性能方面,某一矩形区域内的亮度和可以用积分图方法快速求出。但是亮度特征对光照变化和对比度变化都非常敏感,对图像的细节描述也不充分。

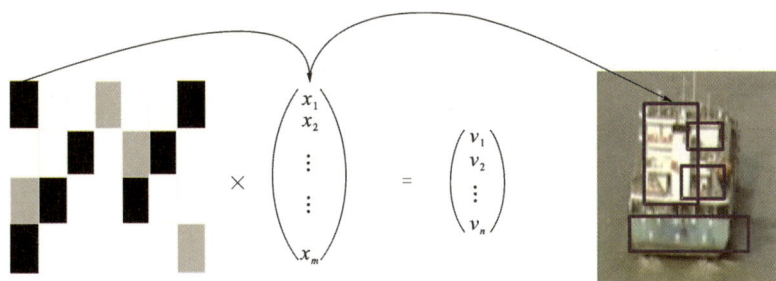

图 5-3　高维特征的随机投影

5.3.2　随机观测矩阵

随机观测矩阵是随机投影类视觉跟踪算法的核心要素。其重要性主要体现在两个方面:一是满足 RIP 条件的随机观测矩阵 $\boldsymbol{R}$ 能够确保可以通过分析低维投影特征来分析高维原始信号;二是随机观测矩阵决定了低维特征空间的范围。近年来被学者们广泛研究的随机高斯矩阵 $\boldsymbol{R}^G \in \mathbb{R}^{n \times m}$, $r_{ij} \sim N(0,1)$ 是一种典型的满足 RIP 条件的随机观测矩阵[8,9]。但是,由于随机高斯矩阵非常稠密,巨大的存储和计算负担不利于设计在线跟踪系统。为克服此瓶颈,文献[6]设计了式(5-4)所示的随机观测矩阵,并证明了当 $s = 2$ 或 $s = 3$ 时,此矩阵满足 RIP 条件。从投影性能而言,文献[6]用数学推理严格证明了对 $s = O(m)$($\boldsymbol{x} \in \mathbb{R}^m$),此矩阵是渐近正态的;即便当 $s = m/\ln m$ 时,该矩阵的随机投影性能也和随机高斯矩阵的投影性能相当。CT 投影跟踪算法中,$s = O(m) = m/(a \ln m) = m/(10a) \sim m/(6a)$(因为 m 的数量级在 $10^6 \sim 10^{10}$,a 取经验值 0.4)。从储存和计算复杂度而言,此矩阵非常稀疏,每一行只需存储 c($c \leqslant 4$)个非零元素,整体计算复杂度仅仅是 $O(cn)$,因此存储和计算过程都非常高效。

然而,对 CT 投影跟踪算法的随机观测矩阵的任意行 r_i,该行中所有元素同号的概率为:

$$p_i = \sum_{j=2}^{4} p(N = j) \prod_{k=1}^{N} p(p_{i,k} > 0) + \sum_{j=2}^{4} p(N = j) \prod_{k=1}^{N} p(p_{i,k} < 0)$$
$$= \left[\frac{1}{3} \times \left(\frac{1}{2} \right)^2 + \frac{1}{3} \times \left(\frac{1}{2} \right)^3 + \frac{1}{3} \times \left(\frac{1}{2} \right)^4 \right] \times 2 \approx 0.3$$

$$(5-10)$$

在另外大约 70% 情况下,每行元素中正负数同时存在。又因为低维投影特征实际上是若干矩形特征的加权和,所以当随机观测矩阵中的每行元素同号时,低维投影特征将突出表现为图像矩形区域的同质性,体现为亮度特征;当随机观测矩阵中的元素正负数同时存在时,低维投影特征将突出表现为图像矩形区域的差异性,体现为纹理特征。由上述分析可知,CT 投影跟踪算法中 70% 左右的低维投影特征都体现出了纹理方面的特征,但是纹理特征在很多场合下并不是很稳定,特别是当跟踪目标在运动过程中经历背景杂乱和遮挡的场景。

5.3.3　尺度跟踪

CT 投影跟踪算法为了降低尺度干扰对跟踪性能的影响,采取的策略是将样本(包括候选目标区域样本及训练样本)与多尺度滤波器组进行卷积操作以获取不同尺度下的目标特征。实际上,多尺度滤波器组的最大尺度为第一帧中选定的目标大小,在目标运动过程中保持不变,致使 CT 投影跟踪算法无法适应目标尺度变化。这是因为:(1)若目标运动过程中尺度变小,则滤波器组中存在该尺度特征的矩形滤波器,因此提取出来的特征可以反映出目标的尺度变化。但是在运动目标尺度变小的过程中,当前帧目标位置的跟踪框内将会包含越来越多的背景区域。跟踪框内目标区域的不断减少、背景区域的不断增多将会导致训练正样本包含有较多杂质,使分类器性能降低。进一步地,使用朴素贝叶斯分类器对目标候选区域进行分类时极易发生误判,致使目标位置偏向背景区域。(2)若目标在运动过程中尺度逐渐变大(超过初始时选定的目标大小),目标自身相似性区域逐渐变大,亮度分布趋于一致。受矩形滤波器组最大尺度的限制,矩形滤波器只能提取目标的部分特征。分类器难以区分亮度分布相近的图像区域,将会使目标位置在相似区域来回移动。目标越大,跟踪框越小,这种现象越明显。特别是当目标自身亮度分布与周围背景亮度分布相近时极易发生跟踪漂移。在经典控制领域,这种现象会引起控制系统震荡和发散,最终导致跟踪系统无法正常工作。

5.3.4　遮挡跟踪

CT 投影跟踪算法对目标在运动过程中经历遮挡干扰时性能不佳,主要有两个方面原因:一是随机观测矩阵是与训练样本独立的;当发生遮挡情况时,特征模板无法准确地描述跟踪目标,导致跟踪结果逐渐漂移,随后采集的训练样本集中会包括很多被错误标记的样本,致使外观模型性能降低。二是外观模型以恒定速率对现有状态进行学习和更新,缺少对遮挡情况的检测及相应的处理策略,若目标经历长时间遮挡,目标的特征将会发生显著变化,外观模型将会逐渐学习到遮挡物体的特征,致使跟踪漂移甚至失败,当遮挡消失时也无法恢复准确的跟踪。

本章参考文献

[1] ZHANG K, ZHANG L, YANG MH. Real-time compressive tracking[C]//European Conference on Computer Vision. Springer-Verlag,2012:864-877.

[2] ZHANG K, ZHANG L, YANG MH. Fast Compressive Tracking[J]. IEEE Transactions on Pattern Analysis and Machine Intelligence, 2014, 36 (10): 2002-2015.

[3] CANDES EJ,TAO T. Decoding by linear programming[J]. IEEE Transactions on Information Theory, 2005, 51(12): 4203-4215.

[4] CANDES EJ,TAO T. Near-optimal signal recovery from random projections: universal encoding strategies? [J]. IEEE Transactions on Information Theory, 2006,52(12): 5406-5425.

[5] DONOHO DL. Compressed sensing[J]. IEEE Transactions on Information Theory, 2006,52(4): 1289-1306.

[6] ACHLIOPTAS D. Database-friendly random projections: Johnson-Lindenstrauss with binary coins[J]. Journal of Computer and System Sciences, 2003, 66(4): 671-687.

[7] BARANIUK R, DAVENPORT M, DEVORE R,et al. A simple proof of the restricted isometry property for random matrices[J]. Constructive Approximation, 2008,28(3): 253-263.

[8] LIU L, FIEGUTH P. Texture classification from random features[J]. IEEE Transactions on Pattern Analysis and Machine Intelligence, 2011, 34 (3): 574-586.

[9] WRIGHT J, YANG AY, GANESH A, et al. Robust face recognition via sparse representation[J]. IEEE Transactions on Pattern Analysis and Machine Intelligence,2008,31(2): 210-227.

6 正交粒子滤波低秩约束随机投影内河船舶跟踪算法

在内河场景中,目标船舶在运动过程中与 CCTV 摄像头的相对位置关系通常都会发生改变,因此,鲁棒的内河船舶跟踪系统应当能够适应目标船舶运动过程中的尺度变化。为解决此问题,本章基于贝叶斯状态估计框架,提出一种正交粒子滤波低秩约束随机投影内河船舶跟踪算法。提出的动态模型充分考虑了目标船舶运动过程中的状态变化速度,能有效改善现有相关算法对运动模式复杂的目标船舶跟踪适应性较差的问题。为了避免粒子重采样过程造成粒子退化问题,本章提出利用正交实验构造的正交粒子数组对粒子进行重组和评估。针对现有相关算法在目标船舶外观发生变化时跟踪精度较低的问题,在观测模型设计中,本章算法采用船舶轮廓和颜色特征融合策略以实现对目标船舶的鲁棒表达,提出的随机观测矩阵能够根据目标船舶初始化尺度大小的不同而自适应改变,提出的低秩约束随机投影目标判定准则能够降低算法对数据先验分布假设的依赖,使得算法性能更加稳定。

6.1 贝叶斯状态估计

为了保持内容简洁性,本章将不再阐述贝叶斯状态估计的基础理论,而是由前面公式分析出贝叶斯状态估计的关键问题。

根据式(1-1)和式(1-2),设 s_t 为目标船舶在 t 时刻的状态量,z_t 为目标船舶的观测量,状态转移密度 $p(s_t|s_{t-1})$ 可由式(1-1)所示的状态方程确定,$p(z_t|s_t)$ 为观测似然概率,由式(1-2)的观测方程确定;$p(s_{t-1}|z_{1:t-1})$ 是目标船舶第 $t-1$ 时刻的后验概率密度函数,$p(s_t|z_{1:t})$ 是目标船舶第 t 时刻的后验概率密度函数。$p(z_t|z_{1:t-1})$ 对所有 s_t 都相同,因此可视为归一化的常数。

目标船舶的贝叶斯状态估计为:

$$p(s_t \mid z_{1:t}) = \frac{p(z_t \mid s_t)\int p(s_t \mid s_{t-1})\ p(s_{t-1} \mid z_{1:t-1})\mathrm{d}s_{t-1}}{p(z_t \mid z_{1:t-1})} \propto$$

$$p(z_t \mid s_t)\int p(s_t \mid s_{t-1})\ p(s_{t-1} \mid z_{1:t-1})\mathrm{d}s_{t-1} \tag{6-1}$$

由于式(6-1)包含有积分项,在通常情况下无法求出其解析解。贝叶斯状态估计采用蒙特卡洛随机采样方式对式(6-1)进行离散化以获得对积分的近似解。具体做法是:假设对后验概率密度函数 $p(s_t \mid z_{1:t})$ 执行 N 次独立同分布的采样获得 N 个数据构成的样本集 $\{s_{0:t}^i\}_{i=1}^N$,则可以用此集合中的 N 个元素近似后验概率:

$$p(s_t \mid z_{1:t}) \approx \frac{1}{N} \sum_{i=1}^N \delta(s_{0:t} - s_{0:t}^i) \tag{6-2}$$

同理,后验概率的任意函数 f 作用下的数学期望能够近似地计算为:

$$E[f(s_{0:t})] \approx \frac{1}{N} \sum_{i=1}^N f(s_{0:t}^i) \tag{6-3}$$

由于后验概率是未知的,那么就无法直接从后验概率中进行采样。因此贝叶斯状态估计算法的一般策略是从建议分布 $q(s_{0:t} \mid z_{1:t})$ 中采样数据集,然后对采样的数据加权处理以近似表达后验概率密度函数 $p(s_t \mid z_{1:t})$。因此,式(6-3)可以简化为:

$$
\begin{aligned}
E[f(s_{0:t})] &= \int f(s_{0:t}) \frac{p(s_{0:t} \mid z_{1:t})}{q(s_{0:t} \mid z_{1:t})} q(s_{0:t} \mid z_{1:t}) \mathrm{d}s_{0:t} \\
&= \int f(s_{0:t}) \frac{p(z_{1:t} \mid s_{0:t}) p(s_{0:t})}{p(z_{1:t}) q(s_{0:t} \mid z_{1:t})} q(s_{0:t} \mid z_{1:t}) \mathrm{d}s_{0:t} \\
&= \int f(s_{0:t}) w_t(s_{0:t}) \frac{q(s_{0:t} \mid z_{1:t})}{p(z_{1:t})} \mathrm{d}s_{0:t} \\
&= \frac{\sum_{i=1}^N f(s_{0:t}^i) w_t(s_{0:t}^i)}{\sum_{i=1}^N w_t(s_{0:t}^i)}
\end{aligned}
\tag{6-4}
$$

式(6-4)中,$w_t(s_{0:t}) = \dfrac{p(z_{1:t} \mid s_{0:t}) p(s_{0:t})}{q(s_{0:t} \mid z_{1:t})}$ 表示归一化的权重,可以进一步表示为递推的形式:

$$
\begin{aligned}
w_t &= \frac{p(z_{1:t} \mid s_{0:t}) p(s_{0:t})}{q(s_{0:t} \mid z_{1:t})} \\
&= \frac{p(z_{1:t} \mid s_{0:t}) p(s_{0:t})}{q(s_t \mid s_{0:t-1}, z_{1:t}) q(s_{0:t-1} \mid z_{1:t-1})} \\
&= w_{t-1} \frac{p(z_{1:t} \mid s_{0:t}) p(s_{0:t})}{p(z_{1:t-1} \mid s_{0:t-1}) p(s_{0:t-1}) q(s_t \mid s_{0:t-1}, z_{1:t})} \\
&= w_{t-1} \frac{p(z_t \mid s_t) p(s_t \mid s_{t-1})}{q(s_t \mid s_{0:t-1}, z_{1:t})}
\end{aligned}
\tag{6-5}
$$

将每个样本的权重按照式(6-5)以递推方式进行计算,最终实现在图像序列中对目标状态的最优化估计。

从上述推导过程不难发现,基于贝叶斯状态估计的内河船舶跟踪算法的准确性和鲁棒性由三个因素共同决定:一是状态转移密度 $p(s_t \mid s_{t-1})$ 的设计;二是建议分布 $q(s_t \mid s_{0:t-1}, z_{1:t})$ 的选择;三是观测似然概率密度 $p(z_t \mid s_t)$ 的设计。因此,本章将从这三个方面对所提算法进行详细的阐述。

6.2　状态转移密度设计

由前述分析可知,状态转移密度 $p(s_t \mid s_{t-1})$ 描述了目标船舶状态在连续帧之间的动态传播,可由式(1-1)所示状态方程确定。通常情况下,基于贝叶斯估计的状态方程可由以下线性差分方程显示的来描述:

$$s_t = As_{t-1} + Bv_{t-1} \tag{6-6}$$

式(6-6)中,s_t 和 s_{t-1} 分别表示第 t 时刻和第 $t-1$ 时刻的系统状态;v_{t-1} 表示第 $t-1$ 时刻的系统噪声,通常假设为满足均匀分布或者高斯分布;A 表示状态转移矩阵,通常为一常量;B 表示传播距离增益系数,控制目标在相邻两帧中运动距离的上限,其取值将直接影响跟踪系统的性能。现有基于贝叶斯估计的内河船舶跟踪算法采用对图像序列进行离线训练和学习的方式以获取最佳传播距离增益系数 B,然后将传播距离增益系数 B 设置为固定值。这种策略有明显的局限性,主要体现在以下几个方面:(1)固定的传播距离增益系数 B 限制了目标船舶在相邻两帧中运动距离的上限,导致运动模型不能适应目标船舶的运动状态变化;(2)对训练图像序列准确性和稳定性较好,对测试序列性能无法得到保证,泛化能力差,因此不适于设计在线船舶跟踪系统。基于上述分析,本章设计了一种自适应的船舶动态模型:

$$\overline{s_t} = \frac{1}{k} \sum_{n=t-k}^{t} |s_n - s_{n-1}| \tag{6-7}$$

$$B_t \propto \overline{s_t} \tag{6-8}$$

式(6-7)中,$\overline{s_t}$ 表示利用前 k 帧图像目标船舶状态的差分对第 t 时刻目标船舶状态改变程度的预测,式(6-8)表示传播距离增益系数 B 与预测的第 t 时刻船舶状态改变程度呈正相关。假设船舶状态 $s_t = [x_t, y_t, w_t, h_t]$,$x_t, y_t, w_t,$ h_t 分别表示目标船舶在第 t 时刻的横坐标、纵坐标、宽和高,以宽 w_t 为例,第 t 时刻传播距离增益系数 B 可以表示为 $B_t^w \propto \overline{w_t} = \frac{1}{k} \sum_{n=t-k}^{t} |w_n - w_{n-1}|$。

6.3　建议分布选择

与现有基于贝叶斯状态估计内河船舶跟踪算法一致,将建议分布选择为简单的状态转移概率密度函数,即 $q(s_t \mid s_{0:t-1}, z_{1:t}) = p(s_t \mid s_{t-1})$,因此式(6-5)可以进一步简化为:

$$w_t = w_{t-1} p(z_t \mid s_t) \tag{6-9}$$

不难分析发现,利用式(6-5)递归地估计粒子权重时会造成粒子退化的问题,即随着目标状态的改变,大部分粒子权重都趋于 0,从而导致对目标的状态估计失效。为了解决此问题,现有基于贝叶斯状态估计内河船舶跟踪算法通过定义有效粒子数 $N_{\text{eff}} = \dfrac{1}{\sum\limits_{i}^{N} (w_t^i)^2}$,当有效粒子数 N_{eff} 小于某一阈值时则表明粒子退化严重,继而通过对粒子进行重采样以保证粒子的有效性。重采样步骤将提升权重大的粒子数量而显著降低权重小的粒子数量,会使采样的样本局限在某一模式有限范围内,粒子代表性、多样性降低将会导致状态估计只能实现局部最优而非全局最优[1]。为了解决粒子退化问题,本章算法提出通过正交实验对粒子进行重组和评估以改善粒子的有效性、代表性和多样性。

6.4　正交实验原理

为叙述方便和便于读者理解,用一个常用例子[2](表 6-1)介绍正交实验[3,4]的原理。假设蔬菜产量由温度、施肥量和土壤的 pH 决定,把这三个量定义为要素(Factors),将每个因素的取值定义为等级(Levels),因此,表 6-1所列的蔬菜产量问题包括 3 个要素,每个要素有 3 个等级。

表 6-1　蔬菜产量要素及等级

	要素		
	温度(℃)	施肥量(g/m²)	pH
等级	20	100	6
	25	150	7
	30	200	8

上述例子中,为了寻求使蔬菜产量最大的环境条件,总共包含 $3 \times 3 \times 3 =$ 27 种组合。一般地,假设实验中包含 N 个要素和 Q 个等级,则总共需要做 Q^N 次实验。当 N 和 Q 较大时,Q^N 次实验往往无法完成,因此只能退而求其次地选择具有代表性的组合进行实验。在这种情况下,正交实验生成的正交数组是寻求代表性组合的理想选择。

定义 $L_M(Q^N)$ 为包含 Q 个等级、N 个要素的正交实验生成的正交数组,该数组包含 M 行,每行都代表一种代表性的组合。为了表述方便,定义 $L_M(Q^N) = [a_{i,j}]_{M \times N}$,即第 i 种组合中第 j 个要素的等级为 $a_{i,j}$,且 $a_{i,j} \in \{1, 2, \cdots, Q\}$。以 3 等级、4 要素为例,正交实验产生的正交数组为:

$$L_9(3^4) = \begin{bmatrix} 1 & 1 & 1 & 1 \\ 1 & 2 & 2 & 2 \\ 1 & 3 & 3 & 3 \\ 2 & 1 & 2 & 3 \\ 2 & 2 & 3 & 1 \\ 2 & 3 & 1 & 2 \\ 3 & 1 & 3 & 2 \\ 3 & 2 & 1 & 3 \\ 3 & 3 & 2 & 1 \end{bmatrix} \tag{6-10}$$

因此,原本需要做 81 次实验才能完成的任务,现在只需要做 9 次代表性实验,因此实验效率大大提升。一般地,在正交数组 $L_M(Q^N)$ 中,代表性组合数 $M = Q^J$,其中 J 为满足 $N \leqslant \dfrac{Q^J - 1}{Q - 1}$ 的最小正整数。同时,正交实验生成的正交数组具有如下特点:

(1) 对任意一列的要素,每个等级将出现 M/Q 次。

(2) 对任意两列要素,任意两个等级的组合将出现 M/Q^2 次。

(3) 任意两列要素都包含 $(1,1),(1,2),\cdots,(1,Q);(2,1),(2,2),\cdots,(2,Q);\cdots;(Q,1),(Q,2),\cdots,(Q,Q)$ 等级组合。

(4) 交换任意两列后,结果仍然是正交数组。

(5) 抽取部分列后,结果仍然是正交数组。

6.5　正交实验设计

不失一般性,将正交数组 $[a_{i,j}]_{M \times N}$ 的第 j 列表示为 a_j,当 $j = 1, 2, (Q^2 -$

$1)/(Q-1)+1,(Q^3-1)/(Q-1)+1,\cdots,(Q^J-1)/(Q-1)+1$ 时，a_j 为基准列；当 j 为其他值时，a_j 为非基准列。要获得式(6-10)所示的正交数组，需要先构造基准列，再构造非基准列，构造正交数组的伪代码见表 6-2。构建式(6-10)正交数组 $L_9(3^4)$ 的流程如下：第一步将构造基准列 a_1 和 a_2，当 $k=1$ 时，$j=1$，因此 $a_1=\begin{bmatrix} 0 & 0 & 0 & 1 & 1 & 1 & 2 & 2 & 2 \end{bmatrix}^T$。当 $k=2$ 时，$j=2$，因此 $a_2=\begin{bmatrix} 0 & 1 & 2 & 0 & 1 & 2 & 0 & 1 & 2 \end{bmatrix}^T$。第二步将构造非基准列 a_3 和 a_4，由于 $J=2$ 时，$k=2$，则有 $j=2$，$s=1$。因此当 $t=1$ 时，$a_3=(a_1\times 1+a_2) \bmod 3=\begin{bmatrix} 0 & 1 & 2 & 1 & 2 & 0 & 2 & 0 & 1 \end{bmatrix}^T$；当 $t=2$ 时，$a_4=(a_1\times 2+a_2) \bmod 3=\begin{bmatrix} 0 & 1 & 2 & 2 & 0 & 1 & 2 & 1 & 0 \end{bmatrix}^T$；对所有的 $1\leqslant i\leqslant 9,1\leqslant j\leqslant 4,a_{i,j}=a_{i,j}+1$，将 a_1、a_2、a_3 和 a_4 简单串接便能获得正交数组 $L_9(3^4)$。

表 6-2 构建正交数组

第 1 步：构建基本列：

for $k=1$ to j

$$j=\frac{Q^{k-1}-1}{Q-1}+1 ;$$

for $i=1$ to Q^J

$$a_{i,j}=\left\lvert \frac{i-1}{Q^{J-k}} \right\rvert \bmod Q ;$$

end

end

第 2 步：构建非基本列：

for $k=2$ to j

$$j=\frac{Q^{k-1}-1}{Q-1}+1$$

for $s=1$ to $j-1$

for $t=1$ to $Q-1$

$$a_{j+(s-1)(Q-1)+t}=(a_s\times t+a_j) \bmod Q$$

end

end

end

对所有 $1\leqslant i\leqslant M,1\leqslant j\leqslant N,a_{i,j}=a_{i,j}+1$

6.6 正交粒子滤波

通过式(6-9)计算出 N 个粒子权重 $w_t^i,i\in[1,N]$ 后，将 N 个粒子重新组

合问题转化为 Q 等级 F 要素的正交实验问题（$N = FQ$）。由正交实验可得正交数组 $L_M(Q^N)$，因此将产生 $M(M > N)$ 种粒子组合，对每种组合中的粒子做加权处理将获得 M 个新粒子，目标的最终状态由 M 个新粒子中权值排名靠前的 N 个粒子计算得到，新粒子的权值由观测似然概率 $p(z_t \mid s_t)$ 决定。

6.7　观测似然概率密度设计

在图像序列中既存在丰富的属于跟踪目标的特征信息，也存在大量的背景干扰特征。因此，要通过有限的观测实现将目标船舶从周围背景中分离开来，一个准确的、鲁棒的观测似然概率模型 $p(z_t \mid s_t)$ 就变得尤为重要。现有的基于视觉的内河船舶跟踪算法[5-8]通常是用颜色特征来表达目标船舶，然后采用巴氏距离计算候选目标区域与期望目标区域颜色特征的相似性以表征某个候选区域属于目标船舶的概率。

与现有基于视觉的内河船舶跟踪算法明显不同，本章提出一种低秩约束随机投影观测模型以表征某个候选区域属于目标的可能性。除颜色特征外，船舶的轮廓特征是目标船舶区别于背景的显著特征，船舶轮廓特征可由梯度信息进行表征，因此本章将采用颜色特征和梯度特征共同描述目标船舶。但是，本章提出的低秩约束随机投影观测模型与文献[9-11]有两点显著差异：（1）随机观测矩阵不同；（2）目标判定准则不同。

6.7.1　随机观测矩阵

文献[11]中提出了一种二级观测矩阵以便于将更广泛形式的高维特征投影到低维特征空间：

$$r_{i,j} = \sqrt{s} \times \begin{cases} \boldsymbol{r}^{1\times m}, \text{with probability } \dfrac{1}{2s} \\ \boldsymbol{0}^{1\times m}, \text{with probability } \left(1 - \dfrac{1}{s}\right) \\ -\boldsymbol{r}^{1\times m}, \text{with probability } \dfrac{1}{2s} \end{cases}$$

$$r_k = \begin{cases} 1, \text{with probability } 1/m \\ 0, \text{with probability } (1 - 1/m) \\ k = 0, 1, \cdots, m \end{cases} \tag{6-11}$$

受文献[12]启发，本章算法提出如下形式的随机观测矩阵：

$$
r_{i,j} = \sqrt{n/\ln n} \times
\begin{cases}
\boldsymbol{r}^{1\times n}, \text{ with probability } \dfrac{\ln n}{2n} \\[2mm]
\boldsymbol{0}^{1\times n}, \text{ with probability } \left(1 - \dfrac{\ln n}{n}\right) \\[2mm]
-\boldsymbol{r}^{1\times n}, \text{ with probability } \dfrac{\ln n}{2n}
\end{cases}
$$

$$
r_k =
\begin{cases}
1, \text{ with probability } 1/n \\
0, \text{ with probability } (1-1/n) \\
k = 0,1,\cdots,n
\end{cases}
\tag{6-12}
$$

式(6-12)中，$n = XY(W+1-w\dfrac{X+1}{2})(H+1-h\dfrac{Y+1}{2})$ 表示候选样本区域 Haar-like 特征向量的维度，$W \times H$ 和 $w \times h$ 分别表示候选样本及矩形特征的大小，$X = [W/w]$ 和 $Y = [H/h]$ 分别表示水平和垂直方向的最大尺度系数。

上述随机观测矩阵的优势主要体现在以下几个方面：首先，根据初始帧选定目标船舶尺度大小的不同，随机观测矩阵进行自适应改变；其次，此随机观测矩阵的稀疏度 s 为 $n/\ln n$，因此与式(5-4)所列的随机观测矩阵相比能够保留更多的有用信息，同时每行非零元素 $\ln n$ 也随目标船舶尺度大小而进行自适应改变；最后，低维投影特征维度 m 随初始目标船舶尺度大小进行自适应改变，较小数值范围的 $m(m \leqslant 20)$ 即能获得稳定的效果。

6.7.2 目标判定准则

假定已经获得某个候选样本的低维表示 $\boldsymbol{v} = (v_1 \quad v_2 \quad \cdots \quad v_n)^{\mathrm{T}} \in \mathbb{R}^n$，为了评估该候选样本属于目标船舶的可能性，CT 随机投影跟踪算法均采用朴素贝叶斯分类器计算该样本属于目标船舶的置信度，即：

$$
H(\boldsymbol{v}) = \ln \frac{\prod_{i=1}^{n} p(v_i \mid y=1)p(y=1)}{\prod_{i=1}^{n} p(v_i \mid y=0)p(y=0)} = \ln \frac{\prod_{i=1}^{n} p(v_i \mid y=1)}{\prod_{i=1}^{n} p(v_i \mid y=0)}
\tag{6-13}
$$

$$
p(v_i \mid y=1) \sim N(\mu_i^1, \sigma_i^1)
\tag{6-14}
$$

$$
p(v_i \mid y=0) \sim N(\mu_i^0, \sigma_i^0)
\tag{6-15}
$$

然而，利用式(6-13)表征候选样本属于目标的可能性需要满足两个假设：一是特征分布属于高斯分布；二是各特征之间相互独立。但是在内河船舶跟踪实际应用中，真实数据分布极为复杂，很难符合低维投影特征满足高斯分布假设。以图 6-1 为例，图 6-1(a)中蓝色矩形框表示图 6-1(b)中特征♯2 对

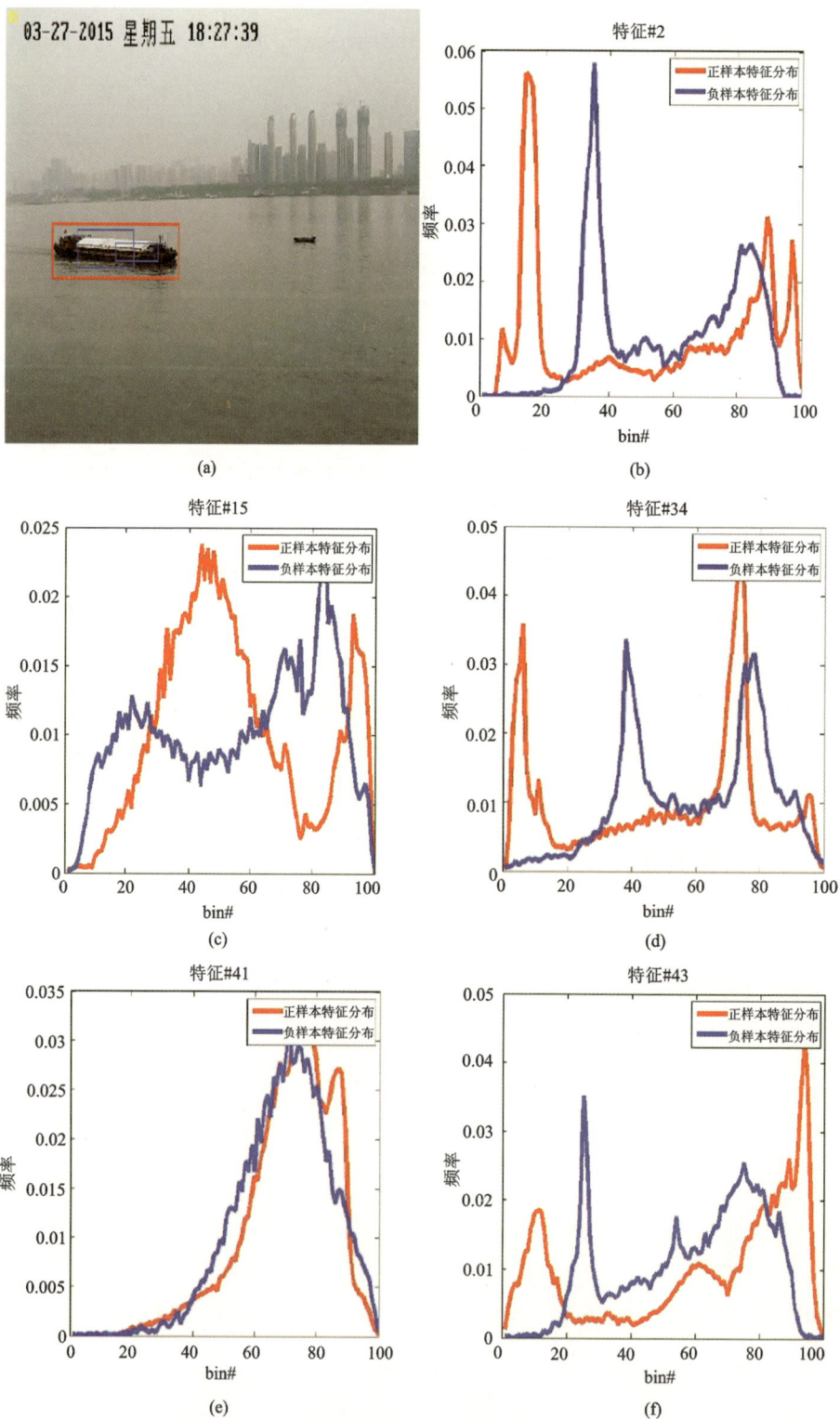

图 6-1　若干随机选择特征分布

应的随机生成的 Haar-like 特征模板[为避免产生歧义,图 6-1(c)～(f)中特征 ♯15、♯34、♯41、♯43 对应的 Haar-like 特征模板在图 6-1(a)中没有标出],图 6-1(b)～(f)分别描述了特征 ♯2、♯15、♯34、♯41、♯43 的分布情况(红色曲线为正样本特征分布,蓝色曲线为负样本特征分布)。可以直观地发现,除图 6-1(e)中特征 ♯41 正负样本特征分布比较符合高斯分布外,特征 ♯2、♯15、♯34、♯43 均无法用式(6-13)～式(6-15)准确描述。

进一步地,各特征之间往往都具有某种相关性(不满足特征间独立性假设),导致随机投影跟踪算法的跟踪结果不够稳定。为了降低对数据先验分布的依赖,本章算法提出了低秩约束随机投影目标判别准则。

首先采用 TLD 算法[12]中 PN 学习方式[13]构建船舶目标模型,船舶目标模型 M 是在最近 n 帧图像上船舶外观信息的集合,即有 $M = \{A_1, A_2, \cdots, A_n\}$,其中 $A_i = [f^{梯度}, f^{亮度}]^T$ 表示用梯度和亮度特征描述的第 i 个船舶外观。PN 学习主要利用无约束视频流的时空结构(图 6-2),若目标船舶在运动过程中可见,空间结构确保目标船舶在当前帧的位置唯一(红色实心点所示),时间结构确保目标船舶的连续运动将产生一条平滑的轨迹(红色虚线所示)。

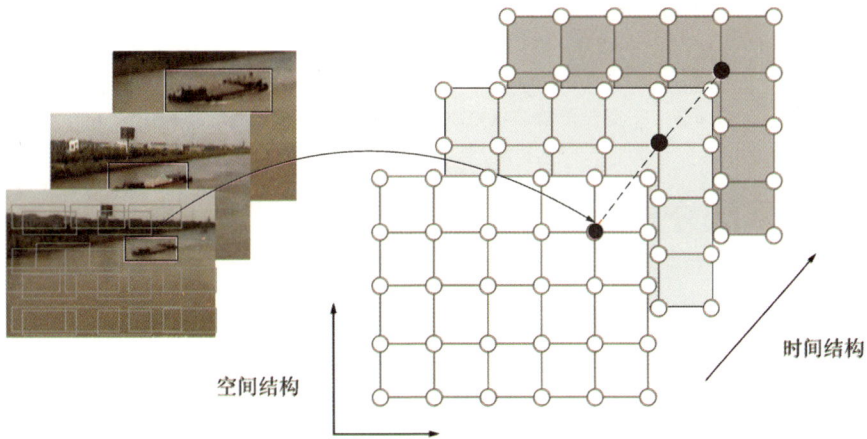

图 6-2 无约束视频流时空结构

由于前述步骤已经获得某个候选样本的低维表示,不失一般性,假设总共有 N 个样本,第 i 个候选样本的低维表示为 $v^i = (v_1^i, v_2^i, \cdots, v_n^i)^T \in \mathbb{R}^n, i \in [1, N]$,将候选样本属于目标的可能性定义为:

$$p(z_t \mid s_t) \propto e^{-\text{rank}(M, v^i)} = e^{-\text{rank}(A_1, A_2, \cdots, A_n, v^i)}, i \in [1, N] \quad (6\text{-}16)$$

由于 rank 是离散非凸函数,因此采用核范数 $\| \cdot \|_*$ 对式(6-16)作进一步的优化:

$$p(z_t \mid s_t) \propto \mathrm{e}^{-\mathrm{rank}\,(M,v^i)} = \mathrm{e}^{-\mathrm{rank}\,(A_1,A_2,\cdots,A_n,v^i)} = \mathrm{e}^{-\|A_1,A_2,\cdots,A_n,v^i\|_*}, i \in [1,N]$$

$$(6\text{-}17)$$

　　至此,提出的正交粒子滤波低秩约束随机投影内河船舶跟踪算法介绍完毕,算法整体框架如图 6-3 所示。

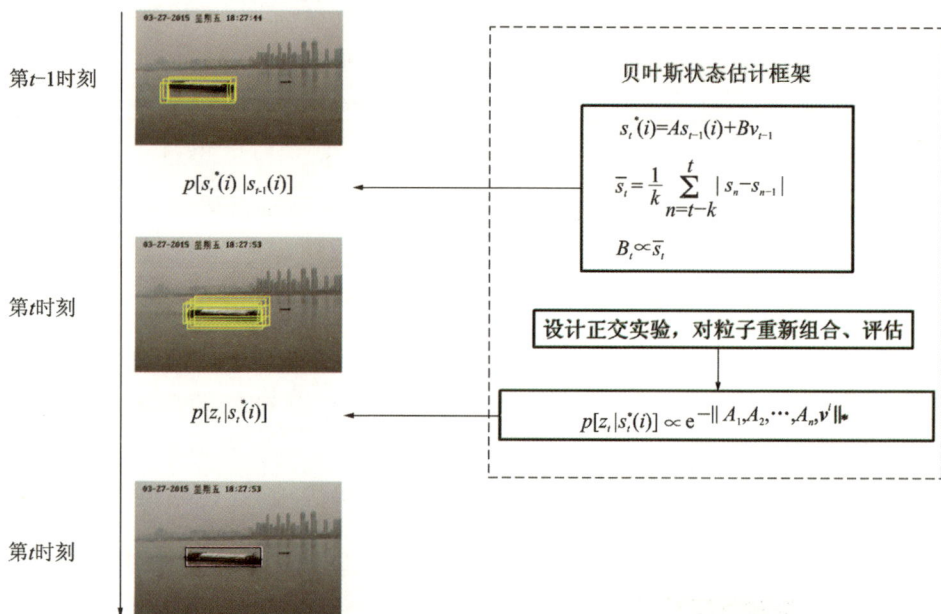

图 6-3　正交粒子滤波低秩约束随机投影内河船舶跟踪算法

6.8　算法分析

　　本章提出的正交粒子滤波低秩约束随机投影内河船舶跟踪算法与现有基于视觉的内河船舶跟踪算法[14-16]本质上都是基于贝叶斯状态估计框架实现的,即将船舶跟踪任务转化为对船舶运动状态的递归推理。贝叶斯状态估计典型算法(比如粒子滤波算法)的显著优点是能够在每一帧都维持目标状态的概率分布,因此能够利用多个高权值的粒子共同决定目标在当前帧的位置,从而避免跟踪漂移和失败。与此同时,利用贝叶斯状态估计框架还能直接实现对目标多模式状态(比如船舶位置、尺度、旋转角等)同时实时预测和评估,比其他类型算法(如基于判别模型的视觉跟踪算法)简单高效。

　　但是,本章提出算法与现有算法[15-17]存在明显的不同,主要体现在以下几个方面:首先,设计的船舶动态模型充分利用了目标船舶在图像序列中的运动信息,利用相邻时间段目标船舶状态的差分对动态模型中距离增益系数的预测,能够自适应目标船舶在运动过程中的位移和速度变化。其次,利用正交实验构造的正交粒子数组对粒子进行重组和评估,能够有效避免传统粒子滤波算法中重采样过程造成的粒子代表性和多样性降低问题。正交粒子滤波算法的时间复杂度是 $O(MF + Mm)$,与粒子滤波算法的时间复杂度 $O(Nm)$ 相差无几,因此本章提出的算法在保证准确性的同时,也保证了算法效率。最后,在观测似然概率模型中,采样船舶轮廓和颜色特征融合策略能够实现对目标船舶的鲁棒表达,新的随机观测矩阵能够根据目标不同的初始化尺度大小而进行自适应改变,提出的低秩约束随机投影目标判定准则能够降低对数据先验分布假设的依赖,使得算法性能更加稳定。

本章参考文献

[1] ARULAMPALAM MS,MASKELL S,GORDON N,et al. A tutorial on particle filters for onlinenonlinear/non-Gaussian Bayesian tracking[J]. IEEE Transactions on Signal Processing,2002,50(2):174-188.

[2] MONTGOMERY DC. Design and analysis of experiments[M]. John Wiley & Sons,2008.

[3] LEUNG YW, WANG Y. An orthogonal genetic algorithm with quantization for global numerical optimization[J]. IEEE Transactions on Evolutionary Computation,2002,5(1):41-53.

[4] HICKS CR,TURNER KV. Fundamental concepts in the design of experiments[M].[s.n.],1999.

[5] 滕飞,刘清,朱琳. 一种快速鲁棒的内河 CCTV 系统船舶跟踪算法[J].武汉理工大学学报,2014,36(05):80-85.

[6] 李晓飞,宋亚男,徐荣华,等. 基于双目视觉的船舶跟踪与定位[J]. 南京信息工程大学学报:自然科学版,2015,7(1):46-52.

[7] 汤一平,柳圣军,周超,等.多视觉信息融合的内河航道智能监控系统 [J]. 中国图象图形学报,2008,13(08):1608-1616.

[8] 云霄,肖刚. 基于 Camshift 的多特征自适应融合船舶跟踪算法[J]. 光电工程,2011,38(05):52-58.

[9] ZHANG K,ZHANG L,YANG MH. Real-time compressive tracking[C]//European Conference on Computer Vision. Springer-Verlag,2012:864-877.

[10] ZHANG K,ZHANG L,YANG MH. Fast Compressive Tracking[J]. IEEE Transactions on Pattern Analysis and Machine Intelligence,2014,36(10):2002-2015.

[11]　LU W，XIANG ZY，YU HB，et al. Object compressive tracking based on adaptive multi-feature appearance model[J]. Journal of Zhejiang University，2014，48(12)：2132-2138.

[12]　KALAL Z，MIKOLAJCZYK K，MATAS J. Tracking-Learning-Detection[J]. IEEE Transactions on Pattern Analysis and Machine Intelligence，2012，34(7)：1409-1422.

[13]　KALAL Z，MATAS J，MIKOLAJCZYK K. P-N learning：Bootstrapping binary classifiers by structural constraints[C]//Computer Vision and Pattern Recognition. IEEE，2010：49-56.

[14]　刘静，刘以安，杨新刚. 基于 Kalman 滤波的船舶跟踪技术[J]. 微计算机信息，2007，(31)：187-189.

[15]　周雅琪. 结合滤波理论的内河视频序列船舶 TLD 跟踪算法研究[D]. 武汉：武汉理工大学，2013.

[16]　王书玲. 基于卡尔曼滤波的视频跟踪技术的研究及应用[D]. 天津：河北工业大学，2011.

7 跟踪检测协同内河船舶跟踪算法

正交粒子滤波低秩约束随机投影(LRCT)算法在其他干扰条件下性能较优,但在背景杂乱、光照变化干扰下性能较差;TLD(Tracking-Learning-Detection)算法在背景杂乱、光照变化干扰下性能较优,但是其平均帧率为11.6FPS,不能满足内河船舶跟踪系统的实时性需求。基于此,本章将重点探索利用两种算法各自的优点构建对背景杂乱、光照变化、遮挡、尺度变化、图像质量低等干扰保持鲁棒的内河船舶实时跟踪系统。为了实现上述目标,本章提出的跟踪检测协同内河船舶跟踪算法对 TLD 算法的跟踪模块、检测模块、学习模块都进行了优化,使该算法在保证准确性、鲁棒性的同时,也能满足内河船舶跟踪系统的实时性需求。

7.1 算法原理

本章提出的跟踪检测协同内河船舶跟踪系统整体框架如图 7-1 所示。

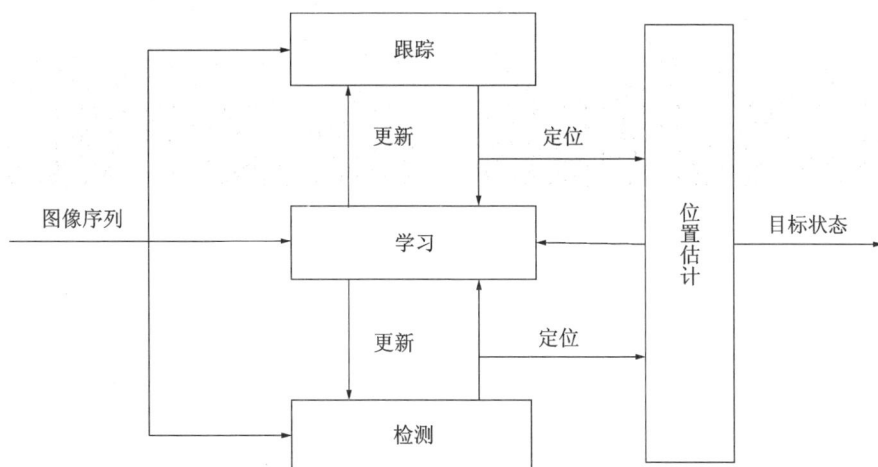

图 7-1 跟踪检测协同内河船舶跟踪系统框架

由图 7-1 可知,该系统包括跟踪、检测和学习三个模块,下文将对此三个模块进行详细阐述。

7.1.1 跟踪模块

根据第 1 章总结的内河船舶跟踪系统特点设计跟踪模块。跟踪模块(Flock of Trackers,FT)思想[1]表明,采用多个独立的局部跟踪器分别对目标的某部分区域进行跟踪;然后再将局部跟踪器的跟踪结果进行融合以获取目标在当前帧的运动信息,从而获得更精确的跟踪结果。受 FT 思想启发,采用 Grid 方式布置局部跟踪器(图 7-2),局部跟踪器初始化为各个网格的中心,若校验结果为跟踪漂移则重置局部跟踪器至初始位置。由于内河场景下鲜有目标船舶从视角范围消失后再次出现在视角范围内的情形,所以在假设目标船舶整个图像序列可视的情况下,跟踪模块的设计需要满足三个基本需求:一是适用于在线跟踪系统;二是运算速度快;三是包括有效的误差检测机制对跟踪结果进行校验。光流特征计算量小,运算速度快,非常适合用来设计在线跟踪系统,也能够与基于外观特征的检测模块形成信息的互补,因此采用光流特征设计跟踪模块。

图 7-2　局部跟踪器

(1)局部跟踪器初始化

假设给定目标船舶在第 t 时刻的位置,采用 Lucas-Canade (LK)算法[2]递归地计算目标船舶在第 $t+1$ 时刻的位置,步骤如下:

首先,图像满足亮度恒定假设,即图像亮度值在相邻帧间保持不变。在此约束条件下有:

$$I(\boldsymbol{x}) = J(\boldsymbol{x}+\boldsymbol{d}) \tag{7-1}$$

式(7-1)中,$\boldsymbol{I}$ 和 $\boldsymbol{J}$ 分别表示在第 t 时刻和第 $t+1$ 时刻的图像,$\boldsymbol{x}$ 表示某一像素的二维坐标信息,$\boldsymbol{d}$ 表示某一像素由前一帧到当前帧的位移向量。式(7-1)表明,某一像素在前后两帧中可能会改变位置,但是却保持相同的亮度值。

其次,图像满足时间连续假设,即某一像素在相邻帧间的运动为"小运动"。在此约束条件下有:

$$J(\boldsymbol{x}) = I(\boldsymbol{x}) + I'(\boldsymbol{x})\boldsymbol{d} \tag{7-2}$$

式(7-2)中 $I'(\boldsymbol{x})$ 代表前一帧图像在位置 $\boldsymbol{x}$ 的梯度。此约束条件限制了位移向量 $\boldsymbol{d}$ 较小,因此可以得到:

$$\boldsymbol{d} = \frac{J(\boldsymbol{x}) - I(\boldsymbol{x})}{I'(\boldsymbol{x})} \tag{7-3}$$

由式(7-3)可知, $\boldsymbol{d}$ 的解空间是一条线而不是一个点(即孔径问题),因此引入第三个约束条件:图像空间一致性,即同一场景中同一表面上临近的像素具有相似的运动。因此求解 $\boldsymbol{d}$ 就变成求解:

$$\min \sum_{x \in W} [J(\boldsymbol{x}) - I(\boldsymbol{x}) - I'(\boldsymbol{x})\boldsymbol{d}]^2 \tag{7-4}$$

式(7-4)中, W 表示位置 $\boldsymbol{x}$ 某一邻域范围。于是,通过最小二乘法可以将式(7-4)转化为以下方程:

$$\boldsymbol{G}\boldsymbol{d} = e \tag{7-5}$$

$$\boldsymbol{G} = \sum_{x \in W} I'(\boldsymbol{x}) I'(\boldsymbol{x})^{\mathrm{T}} \tag{7-6}$$

$$e = \sum_{x \in W} [I(\boldsymbol{x}) - J(\boldsymbol{x})] I'(\boldsymbol{x}) \tag{7-7}$$

于是在 $\boldsymbol{G}$ 可逆的情况下可以得到:

$$\boldsymbol{d} = \boldsymbol{G}^{-1} \cdot e \tag{7-8}$$

计算出 $\boldsymbol{d}$ 后,就可以根据式(7-2)由像素在前一帧的位置计算其在当前帧的位置。

局部跟踪器假设目标是简单的位移运动,但是内河场景中目标船舶运动模式具有多样性,因此局部跟踪器结果往往并不鲁棒。与此同时,利用 LK 算法估算目标光流信息时,当局部跟踪器位于图像角点区域时算法准确性较高,而当局部跟踪器位于图像匀质区域时算法准确性较低。因此需要设计有效的误差检测机制剔除跟踪失败的局部跟踪器,然后使用正确跟踪的局部跟踪器估计目标的运动状态。本章算法提出采用前向反向轨迹误差和特征值约束两种局部跟踪器误差检测机制。

① 前向反向轨迹误差

理想情况下,局部跟踪器跟踪轨迹是可逆的(见图 7-3 中红色箭头所示的 $1—1'—1''$ 过程)。但是目标船舶运动过程中,可能会频繁经历尺度变化、背景杂乱、遮挡等干扰,局部跟踪器跟踪轨迹往往并不可逆(见图 7-3 中局部跟踪器生成 $22'$ 绿色箭头所示的前向轨迹,但蓝色箭头所示的 $2'—2''$ 反向轨迹的终点 2″与前向轨迹的起点 2 不重合）。

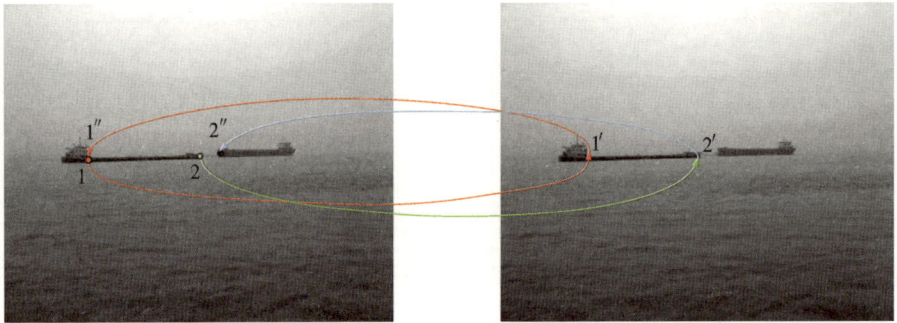

图 7-3　前向反向误差

基于上述观察,定义前向反向轨迹误差 ε:

$$\varepsilon = \mid p - p'' \mid \tag{7-9}$$

式(7-9)中,p 表示局部跟踪器在前一帧的位置,设 $LK(p)$ 表示局部跟踪器在当前帧的位置,$p'' = LK[LK(p)]$,p'' 是对局部跟踪器在当前帧的位置 $LK(p)$ 再次利用光流特征"逆跟踪"得到的局部跟踪器在前一帧的对应位置。当所有局部跟踪器的前向反向误差中值大于某一阈值 θ_{FB} 时,就表明局部跟踪器跟踪结果不可靠。

② 特征值约束

与此同时,为了根据式(7-8)求得某局部跟踪器位移向量 d,应确保该局部跟踪器邻域梯度构成的矩阵 G 可逆。由数学理论知,当 G 满秩时,G 一定可逆。在实际应用中,满秩条件可以由 G 的特征值大小进行有效近似,即当 G 有两个较大的特征值时就认为矩阵 G 可逆。与这一数学条件所对应的几何约束为寻求两个方向均存在明显梯度的图像局部区域。因此,提出特征值约束条件对局部跟踪器跟踪结果进行有效评估。具体做法是,假定 λ_1 和 λ_2 分别是矩阵 G 的特征值,设定一个合理的阈值 $\lambda(\lambda > 0)$,使得:

$$\min(\lambda_1, \lambda_2) > \lambda \tag{7-10}$$

不难看出,G 在图像区域角点处存在两个较大的特征值,而角点是被证明可用于跟踪的良好特征点[3]。因此提出的特征值约束条件能够很好地保留基于图像角点的局部跟踪器跟踪结果,从而也证明了用其对局部跟踪器跟踪结果进行评估的可行性与准确性。

在上一帧图像目标区域中使用 Grid 方式布置局部跟踪器,利用 LK 光流法计算局部跟踪器在相邻两帧的位移,前向反向轨迹误差和特征值约束条件误差机制对局部跟踪器的跟踪结果进行有效评估以滤除跟踪结果较差的局部跟踪器,最后利用剩下的局部跟踪器计算目标船舶在当前帧的位置。

(2)跟踪模块(FT)

实现上述步骤后,便可以根据 FT 思想利用剩下的局部跟踪器估计目标船舶在当前帧的位置。为了实现此目标,设计了图 7-4 所示的转换模型。

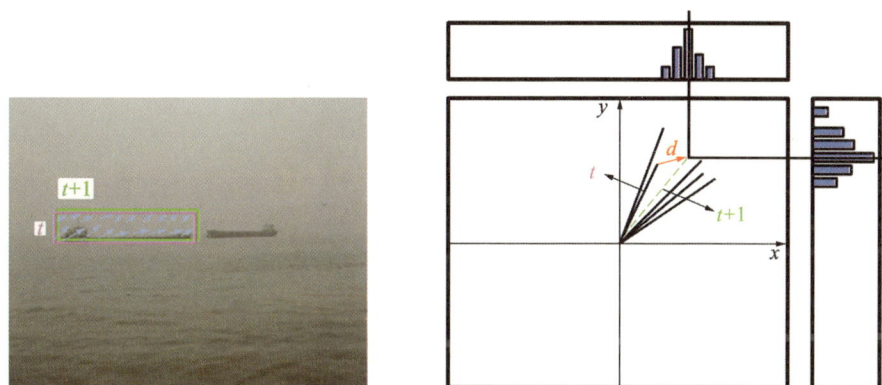

图 7-4 转换模型

不失一般性,假设目标在 t 时刻的中心坐标为(x_t, y_t),宽度和高度为(w_t, h_t),尺度大小为 s_t,第 i 个局部跟踪器在 t 时刻的坐标为(x_i^t, y_i^t);对应地,目标在 $t+1$ 时刻的中心坐标为(x_{t+1}, y_{t+1}),宽度和高度为(w_{t+1}, h_{t+1}),尺度大小为 s_{t+1},第 i 个局部跟踪器在 $t+1$ 时刻的坐标为(x_i^{t+1}, y_i^{t+1})。用局部跟踪器在相邻时刻的相对位移的中值作为目标在相邻时刻的位移变化:

$$\mathrm{d}x_i^{t+1} = x_i^{t+1} - x_i^t \tag{7-11}$$

$$\mathrm{d}y_i^{t+1} = y_i^{t+1} - y_i^t \tag{7-12}$$

$$\mathrm{d}x^{t+1} = \mathrm{Median}(\mathrm{d}x_i^{t+1}) \quad (i=1,2,\cdots,N) \tag{7-13}$$

$$\mathrm{d}y^{t+1} = \mathrm{Median}(\mathrm{d}y_i^{t+1}) \quad (i=1,2,\cdots,N) \tag{7-14}$$

式(7-11)和式(7-12)中,$\mathrm{d}x^{t+1}$ 和 $\mathrm{d}y^{t+1}$ 即为目标在相邻时刻 $t \to t+1$ 的位移变化,N 表示有效局部跟踪器数目,Median 表示求取中值函数。目标在 $t+1$ 时刻的中心坐标可以用以下方式进行计算:

$$x_{t+1} = x_t + \mathrm{d}x^{t+1} \tag{7-15}$$

$$y_{t+1} = y_t + \mathrm{d}y^{t+1} \tag{7-16}$$

确定目标在 $t+1$ 时刻的中心坐标(x_{t+1}, y_{t+1})后,还需确定目标在 $t+1$ 时刻的尺度大小 s_{t+1}。局部跟踪器运动轨迹描述了目标船舶局部区域的状态变化,因此局部跟踪器在相邻帧的空间相对关系提供了丰富的关于目标船舶尺度变化的信息:

$$d_{ij}^t = \left[(x_i^t - x_j^t)^2 + (y_i^t - y_j^t)^2 \right]^{1/2} \quad (i,j=1,2,\cdots,N; i \neq j) \tag{7-17}$$

$$d_{ij}^{t+1} = \left[(x_i^{t+1} - x_j^{t+1})^2 + (y_i^{t+1} - y_j^{t+1})^2 \right]^{1/2} \quad (i,j = 1,2,\cdots,N; i \neq j)$$

$$(7\text{-}18)$$

$$s_{t+1} = \text{Median}(d_{ij}^{t+1}/d_{ij}^t) \quad (i,j = 1,2,\cdots,N; i \neq j) \qquad (7\text{-}19)$$

式(7-17)～式(7-19)中, i 和 j 表示局部跟踪器的索引, d_{ij}^t 和 d_{ij}^{t+1} 分别表示第 t 时刻和第 $t+1$ 时刻第 i 个和第 j 个局部跟踪器的距离。有效局部跟踪器在相邻时刻的空间关系能够有效刻画目标运动过程中的尺度变化,为了进一步提升尺度预测的连续性和稳定性,引入学习因子 η:

$$s_{t+1} \leftarrow \eta s_{t+1} + (1-\eta)s_t \qquad (7\text{-}20)$$

因此,目标在 $t+1$ 时刻的宽度和高度 (w_{t+1}, h_{t+1}) 计算方式如下:

$$w_{t+1} = w_t \times s_{t+1} \qquad (7\text{-}21)$$

$$h_{t+1} = h_t \times s_{t+1} \qquad (7\text{-}22)$$

获得目标在 $t+1$ 时刻的中心坐标、宽度和高度后,目标在 $t+1$ 时刻的位置标记 Rect_{t+1} 可以容易地表示为 $\text{Rect}(x_{t+1} - w_{t+1}/2, y_{t+1} - h_{t+1}/2, w_{t+1}, h_{t+1})$,这也是跟踪模块的最终输出。

最后,总结跟踪模块算法框架如图 7-5 所示。跟踪模块总共包含五个部分:①局部跟踪器初始化;②利用 LK 光流法对局部跟踪器进行运动估计;③评估局部跟踪器跟踪误差;④剔除异常局部跟踪器;⑤利用转换模型计算目标位置。其中,第②、③、⑤部分是跟踪模块的核心部分,因此本节首先详细介绍了利用 LK 光流法对局部跟踪器进行运动估计的原理,并基于此提出了评估局部跟踪器误差的特征值约束条件;前向反向跟踪轨迹误差很好地描述了目标局部区域运动状态的变化,基于此,提出了基于局部跟踪器相邻时刻相对空间位置关系的转换模型,FT 思想确保基于若干独立分布的局部跟踪器的跟踪结果更加精确。与此同时,由图 7-5 可以看出,局部跟踪器无须维护任何形式的目标模型,因此占用资源少,计算效率高。

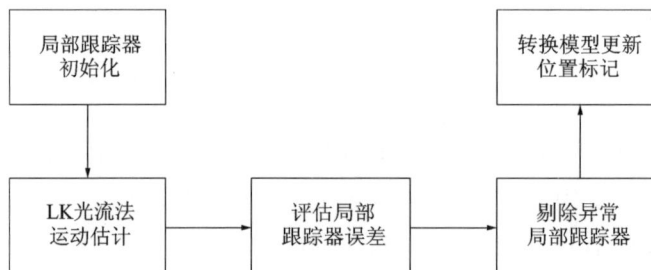

图 7-5　跟踪模块算法框架

7.1.2 检测模块

以光流特征为主体的运动估计往往都存在误差,特别是目标船舶运动过程中经历背景杂乱、光照变化、遮挡和平面内旋转等干扰时,跟踪模块可能失效。由前述分析可知,由于跟踪模块没有维护任何形式的目标模型,因此跟踪模块一旦出现跟踪漂移便无法恢复,导致整个跟踪系统跟踪失败。这种类型的系统对应于经典控制领域的开环控制系统,由于缺少对输入过程的有效控制,系统将会逐渐累积控制偏差,导致系统最终发散失效。为了增强系统的准确性和稳定性,受经典控制领域闭环控制系统启发,需要对跟踪模块的输出进行实时有效的评估和反馈校正,当跟踪模块跟踪失效时由其他模块决定目标在当前帧的位置,并以新位置重新初始化跟踪模块以校正跟踪模块。基于此需求,设计了检测模块,主要完成以下两项任务:一是判定跟踪模块是否有效;二是设计与跟踪模块独立的检测算子探测目标在当前帧的位置,当跟踪模块失效时实现对跟踪模块的重新初始化。一个典型的反馈控制系统包括测量、比较和执行三个环节,设计的检测模块则包括评估、检测和模型更新三个环节。评估环节对跟踪模块输出结果进行判定,确定检测环节的目标搜索范围;检测环节独立探测目标在当前帧的位置,并与跟踪模块输出结果进行对比分析和融合以最终决定目标在当前帧的位置;最后利用目标在当前帧的位置更新目标模型。

(1)跟踪模块结果评估

跟踪模块输出 t 时刻目标船舶位置后,根据其到在线目标模型的距离评估跟踪模块输出结果是否有效。船舶在线模型 M 是由被评估有效的跟踪模块输出构成的固定数目船舶图像块集合 $\{C_1, C_2, \cdots, C_n\}$。理论上说,船舶在线模型 M 中包含的船舶图像块数目 n 越大,不同视角下的船舶外观包含种类越多,评估结果越精确,也更能适应目标船舶在运动过程中的外观变化。但是随着船舶在线模型 M 中包含的船舶图像块数目增大,运算量会相应增加,特别是当船舶目标表达和距离度量方式本身都涉及较大计算量的情况下,会带来严重的计算负担。因此对跟踪模块输出结果的评估环节应寻求准确性、鲁棒性及实时性的折中。为了实现此目标,提出了如下策略:第一,为了提升评估环节实时性,在线模型 M 中包含的船舶图像块数目 n 应较小;第二,为了提升评估环节准确性,船舶在线模型中目标区域表达应具有极高的判别性;第三,为了提升评估环节鲁棒性,在线模型 M 中包含的船舶图像块应动态更新以适应目标船舶运动过程中的外观变化。

　　为了精确表示船舶在线模型 M,需要实现对船舶在线模型 M 中包含的船舶图像块集合的定量表达 $\{C_1,C_2,\cdots,C_n\}$。目标船舶的颜色特征和轮廓特征提供了区分前景和背景的直接信息,具有很强的判别性能,因此可以使用船舶的颜色和梯度特征实现对船舶图像块集合的定量表达。因此,船舶在线模型 M 可以被描述成:

$$M = \{C_i \mid C_i = [f_i^{颜色},f_i^{梯度}]\}, i = 1,2,\cdots,n \qquad (7\text{-}23)$$

　　在第 t 时刻,跟踪模块输出船舶跟踪结果 Rect_t,在当前帧图像 I_t 中提取出 $ROI = I_t(\text{Rect}_t)$ 作为待验证图像块,并计算待验证图像块对应的颜色和梯度特征 C_t。定义待验证图像块到在线模型 M 的距离 d 为待验证图像块与在线模型中所包含图像块的相似度的最高值:

$$d = \underset{C_i \in M}{\mathrm{argmax}}\, \varphi(C_t,C_i) \qquad (7\text{-}24)$$

　　式(7-24)中, φ 是用 Bhattacharyya 系数求取两个向量相似度的函数:

$$\varphi(\boldsymbol{x},\boldsymbol{y}) = \sum_{i=1}^{n} \sqrt{x_i y_i} \qquad (7\text{-}25)$$

　　当待验证图像块到在线模型 M 的距离 d 大于预先设定的相似性阈值 $Thr(Thr > 0)$ 时,跟踪模块输出结果被判定为有效,否则跟踪模块的输出结果被判定为无效。与此同时,根据跟踪模块的输出到在线模型的距离 d 自适应地确定检测环节的目标搜索范围 Ω:

$$\Omega = \begin{cases} \dfrac{\text{Rect}_t}{d}, & d \neq 0 \\[2mm] I_{t+1}, & d = 0 \end{cases} \qquad (7\text{-}26)$$

　　由式(7-26)可知,当跟踪模块的输出到在线模型 M 的距离 $d = 1$ 时,表明跟踪模块的输出足够可靠,检测环节的目标搜索范围 $\Omega = \text{Rect}_t$;当 $d = 0$ 时,此时跟踪模块的输出已被判定为无效,因此在第 $t+1$ 时刻检测环节的目标搜索范围 $\Omega = I_{t+1}$,即在整幅图像中搜索目标船舶在当前帧的位置。当 $d \in (0,1)$ 时,检测环节的目标搜索范围 $\Omega \subset (\text{Rect}_t, I_{t+1})$,且随着 d 不断增大, Ω 逐渐变小。

　　检测模块算法的整体框架如图 7-6 所示。首先,对检测环节目标搜索范围 Ω 采用滑动窗口策略搜索候选样本;接着设计包括方差滤波器、随机蕨分类器和随机投影分类器的级联目标检测器对候选样本进行评估,通过级联检测器前两级(方差滤波器、随机蕨分类器)并使第三级(随机投影分类器)置信度最高的候选样本作为检测模块的输出。

　　(2)滑动窗口搜索策略

　　假设检测环节的目标搜索范围 Ω 大小为 $c \times r$,将图 7-6 中黑色矩形框按

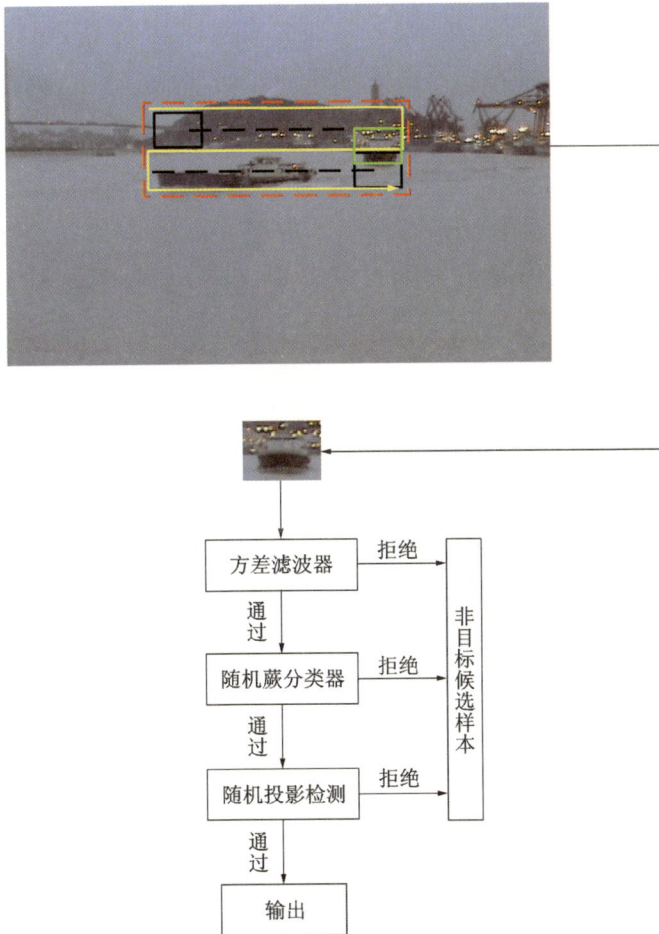

图 7-6　检测模块算法的整体框架

照黄色箭头所示方向遍历扫描目标搜索范围 Ω 以获取目标船舶候选区域。在滑动窗口搜索机制下,目标搜索范围 Ω 内所有可能的目标船舶候选区域可以表示为 $\Lambda = \{(x,y,w,h) \mid 1 \leqslant x \leqslant c, 1 \leqslant y \leqslant r, 1 \leqslant w \leqslant c-x, 1 \leqslant h \leqslant r-y\}$,假设集合 Λ 中包括的元素数目为 $|\Lambda|$,因此有:

$$|\Lambda| = \sum_{x=1}^{c}(c-x)\sum_{y=1}^{r}(r-y)$$

$$= \sum_{x=1}^{c}(c-x)(r^2 - \sum_{y=1}^{r}y)$$

$$= \frac{1}{2}(r-1)r\sum_{x=1}^{c}(c-x)$$

$$= \frac{cr(c-1)(r-1)}{4} \tag{7-27}$$

以目标搜索范围 Ω 大小 60×40 为例,目标船舶候选区域集合 Λ 中包括的元素数目 $|\Lambda| \approx 1440000$ 个,对如此大量的候选样本进行评估将带来繁重的计算负担。因此,对目标船舶候选区域集合 Λ 中的元素提出如下约束:第一,候选样本至少包括 50 像素;第二,候选样本保持初始帧中目标船舶的纵横比;第三,候选样本囊括目标船舶可能的尺度变换跨度,假设目标初始尺度为 1,以常数 1.1 为基,尺度集合 $s = 1.1^a, a \in \{-10, -9, \cdots, 9, 10\}$;第四,滑动窗口水平方向移动步长 $\mathrm{d}x$ 及垂直方向移动步长 $\mathrm{d}y$ 分别设置为初始目标船舶大小 (w, h) 的 $1/10$,即 $\mathrm{d}x = \frac{1}{10}w, \mathrm{d}y = \frac{1}{10}h$。满足上述约束的情况下,检测环节目标搜索范围 Ω 中包含的目标船舶候选样本数为:

$$|\Lambda| = \sum_{s_i \in s} \frac{[c - s(w + \mathrm{d}x)][r - s(h + \mathrm{d}y)]}{s^2 \mathrm{d}x \mathrm{d}y} \tag{7-28}$$

不同初始目标船舶大小及纵横比会导致 $|\Lambda|$ 差异较大,总体而言,候选样本数通常降至无约束条件下的 $1/100 \sim 1/10$。不服从约束条件的候选样本不参与下一步运算,服从约束条件的候选样本进入级联的目标检测器以进一步判定候选样本是否属于目标船舶,因此级联检测器输入维度的显著降低大大提升了检测模块的运算效率。

（3）方差滤波器

图像区域均匀性是图像块相似性的一种有效度量。以图 7-7 为例,黑色

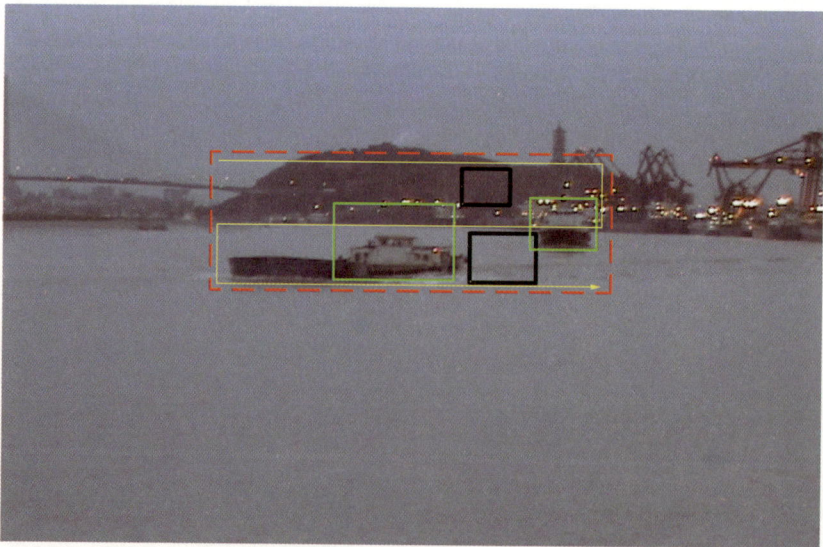

图 7-7　方差滤波器

矩形框所示图像区域均匀性明显高于绿色矩形框所示图像区域。在内河场景下,高匀质图像区域高概率地属于非目标船舶区域。图像区域的方差能很好地刻画图像块的均匀性,因此在级联目标检测器第一级中通过计算图像区域的方差实现对候选目标区域中匀质候选样本的排除,称之为方差滤波器。

方差滤波器将排除小于初始目标船舶区域方差的一半的候选样本。图像区域方差定义为:

$$\sigma^2 = \frac{1}{n}\sum_{i=1}^{n}(x_i - \mu)^2 \tag{7-29}$$

式(7-29)中,x_i 代表将图像区域表示成向量 $\boldsymbol{x}$ 后的第 i 个像素的亮度值,n 表示图像区域像素总数,$\mu = \frac{1}{n}\sum_{i=1}^{n}x_i$ 表示图像区域的均值。为方便后续计算,式(7-29)可以进一步表达为:

$$\begin{aligned}
\sigma^2 &= \frac{1}{n}\sum_{i=1}^{n}(x_i - \mu)^2 \\
&= \frac{1}{n}\sum_{i=1}^{n}x_i^2 - \frac{1}{n}\sum_{i=1}^{n}2x_i\mu + \frac{1}{n}\sum_{i=1}^{n}\mu^2 \\
&= \frac{1}{n}\sum_{i=1}^{n}x_i^2 - 2\mu\frac{1}{n}\sum_{i=1}^{n}x_i + \mu^2 \\
&= \frac{1}{n}\sum_{i=1}^{n}x_i^2 - \mu^2 \\
&= \frac{1}{n}\sum_{i=1}^{n}x_i^2 - \frac{1}{n^2}\left(\sum_{i=1}^{n}x_i\right)^2
\end{aligned} \tag{7-30}$$

不难发现,按照式(7-30)计算图像区域方差 σ^2 需要执行 n 次内存查询。进一步地,$\sum_{i=1}^{n}x_i$ 和 $\sum_{i=1}^{n}x_i^2$ 都可以用积分图快速计算。

与式(7-30)直接计算图像区域方差 σ^2 需要执行 n 次内存查询不同,积分图每次仅需 4 次内存查询,所以式(7-30)总共只需 8 次内存查询即可,可见积分图的引入提升了方差滤波器的运算效率。实验统计表明,方差滤波器能拒绝 55%～70% 的候选样本。

(4)随机蕨分类器

随机蕨特征在目标快速识别领域取得了巨大的成功[4]。受此启发,本章算法将利用随机蕨特征构建随机蕨分类器作为级联检测器的第二部分。每棵随机蕨由若干个二值特征构成,不失一般性,假设第 j 个二值特征 f_j 定义为

图像 I 中随机生成位置 $I(d_{j,1})$ 和 $I(d_{j,2})$ 亮度值的差,即:

$$f_j = \begin{cases} 0, & \text{if } I(d_{j,1}) < I(d_{j,2}) \\ 1, & \text{otherwise} \end{cases} \tag{7-31}$$

则二值特征集合可以表示为 $\{f_j\}, j = 1, 2, \cdots, N, N$ 表示特征总数,类标签集合为 $\{C_i\}, i = 0, 1, i = 0$ 表示背景标签,$i = 1$ 表示前景标签。设 C 为类标签变量,随机蕨分类器分类任务可以转化为优化以下后验概率:

$$i = \underset{i}{\operatorname{argmax}} p(C = C_i \mid f_1, f_2, \cdots, f_N) \tag{7-32}$$

由贝叶斯公式:

$$p(C = C_i \mid f_1, f_2, \cdots, f_N) = \frac{p(f_1, f_2, \cdots, f_N \mid C = C_i) p(C = C_i)}{p(f_1, f_2, \cdots, f_N)} \propto$$
$$p(f_1, f_2, \cdots, f_N \mid C = C_i) \tag{7-33}$$

式(7-33)成立的原因是分母项 $p(f_1, f_2, \cdots, f_N)$ 独立于类型,因此可以忽略不计,同时假设类别标签先验概率 $p(C)$ 服从均匀分布。

因此式(7-32)可以简化为:

$$i = \underset{i}{\operatorname{argmax}} p(f_1, f_2, \cdots, f_N \mid C = C_i) \tag{7-34}$$

观察不难发现,式(7-34)中联合概率 $p(f_1, f_2, \cdots, f_N)$ 共包含 2^N 个(为取得较好效果,N 通常情况下设置为 $100 \sim 500$)参数,因此直接对式(7-34)求解析解是不切实际的。一种简单的方法是假设特征集合 $\{f_j\}$ 中的元素相互独立,即:

$$p(f_1, f_2, \cdots, f_N \mid C = C_i) = \prod_{j=1}^{N} p(f_j \mid C = C_i) \tag{7-35}$$

式(7-35)仅包括 N 个参数,计算复杂度大大降低。但是,所有特征相互独立的强假设条件使得分类性能往往较差。为寻求性能和计算复杂度的平衡,将二值特征集合 $\{f_j\}$ 中的元素有放回抽样地随机分配至 M 个大小为 $S = \dfrac{N}{M}$ 的组中,每组即为一颗随机蕨,见图 7-8。

以图 7-8 所示随机蕨为例,该棵随机蕨包含 4 个不同像素对,分别产生二值特征 0、1、1、0,将二进制特征按从低位到高位顺序依次排列,对应的十进制数 6 即为随机蕨特征值 F。一颗随机蕨包含有 S 个二值特征,因此随机蕨特征值 $F \in [0, 2^S - 1]$。随机蕨特征简单,易于实现,表 7-1 列出了随机蕨特征计算伪代码。

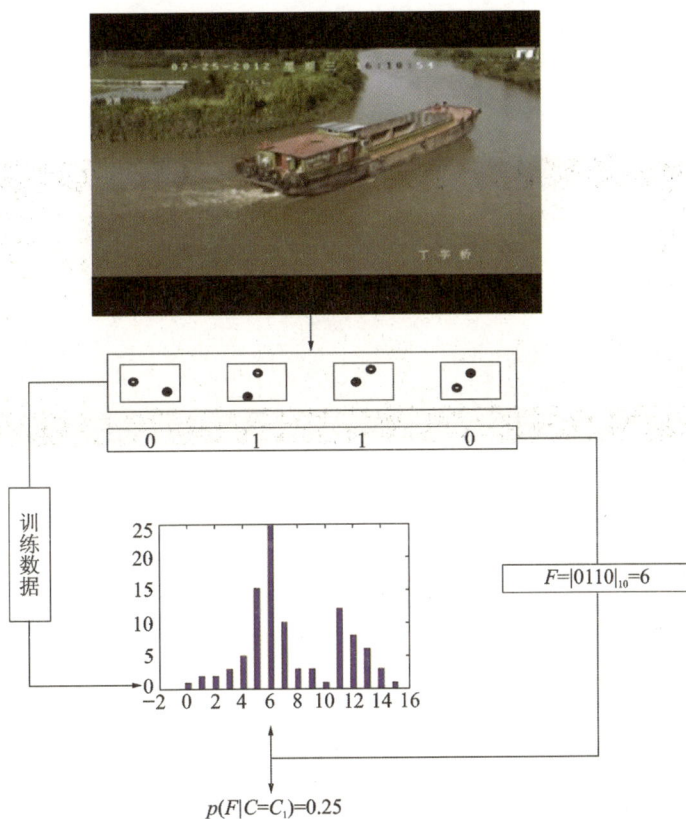

$F=|0110|_{10}=6$

$p(F|C=C_1)=0.25$

图 7-8　单棵随机蕨

表 7-1　随机蕨特征计算

算法 7-1　随机蕨特征计算

输入：当前帧图像 I

输出：随机蕨特征 F

$F \leftarrow 0$

for $i = 1, 2, \cdots, S$ do

$F \leftarrow 2 \times F$

    if $I(d_{i,1}) < I(d_{i,2})$ then

    $F \leftarrow F + 1$

    end if

    end for

最后，对属于同一类别的训练数据求取随机蕨特征以构成该棵随机蕨特征的多项式分布，便可以获取候选样本在某一随机蕨下属于某一类型的后验

概率 $p(C = C_i \mid F)$ 。

　　单棵随机蕨的判别性能有限,为了提升分类精度,实际应用中通常都会使用多棵随机蕨(图 7-9)。

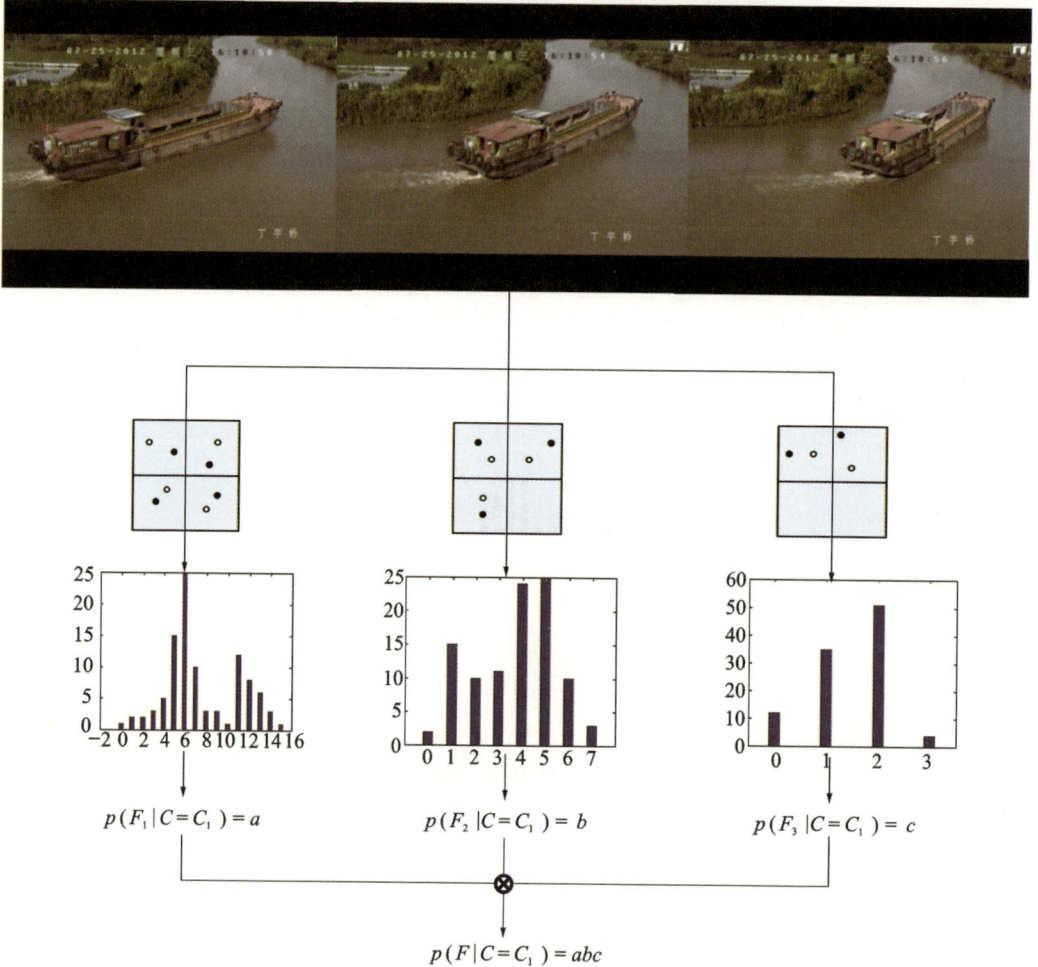

图 7-9　多棵随机蕨

　　假设构成不同随机蕨的二值特征相互独立,构成同一随机蕨的二值特征彼此具有相关性,因此有:

$$p(f_1, f_2, \cdots, f_N \mid C = C_i) = \prod_{m=1}^{M} p(F_m \mid C = C_i) \qquad (7\text{-}36)$$

　　式(7-36)中,m 表示随机蕨索引,F_m 表示第 m 棵随机蕨的特征值。由于是有放回抽样随机分配,因此构成第 m 棵随机蕨的二进制特征集合可以表示为 $\{f_{\sigma(m,1)}, f_{\sigma(m,2)}, \cdots, f_{\sigma(m,S)}\}$,$\sigma(m,j)$、$j \in [1,S]$,表示范围 $[1,N]$ 的随机数。因此式(7-34)可化简为:

$$i = \underset{i}{\arg\max} \prod_{m=1}^{M} p(F_m \mid C = C_i) \tag{7-37}$$

式(7-37)中包含 $M \times 2^s$ 个参数,多于式(7-35)的 N 个参数,远少于式(7-34)的 2^N 个参数。但是式(7-37)通过降低特征相互独立性,能够实现对性能和复杂度的协调。同时,由式(7-37)可知,要判定图像块属于前景或者背景,需要表达出 $p(F_m \mid C = C_i)$,具体地:

$$p(F_m = k \mid C = C_i) = \frac{N_{k,C_i} + \zeta}{N_{C_i} + K \cdot \zeta} \tag{7-38}$$

式(7-38)中,N_{k,C_i} 表示对训练样本求取第 m 棵随机蕨特征值为 k 且类别为 C_i 的样本数,N_{C_i} 表示类别为 C_i 的训练样本总数,$K = 2^s$ 表示每棵随机蕨可取特征值个数,ζ 表示正则化常数。

以图7-10右侧随机蕨为例,它包括 2 个像素对,因此随机蕨特征值属于 $[0,3]$,假设训练样本分布如表 7-2 所列。将表 7-2 所列训练样本按照式(7-38)构造随机蕨分类器,以随机蕨特征值1(表 7-2 中加粗字体 **0 1**)为例:

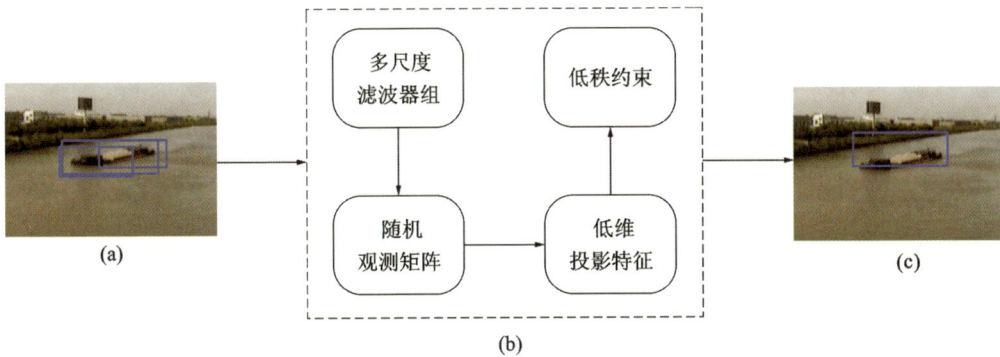

图 7-10 随机投影分类器

(a)候选样本;(b)随机投影低秩约束;(c)输出

表 7-2 训练随机蕨样本分布

0 0		0 1		1 0		1 1	
C_1	C_0	C_1	C_0	C_1	C_0	C_1	C_0
2	0	2	5	5	1	0	3

$$p(F = 1 \mid C = C_0) = \frac{5 + 1}{(0 + 5 + 1 + 3) + 2^2 \times 1} = \frac{6}{13} \tag{7-39}$$

$$p(F = 1 \mid C = C_1) = \frac{2 + 1}{(2 + 3 + 5 + 0) + 2^2 \times 1} = \frac{3}{14} \tag{7-40}$$

其中假设 $\zeta = 1$，由于 $p(F=1 \mid C=C_0) > p(F=1 \mid C=C_1)$，所以当某样本随机蕨特征值为 1 时，该样本将被判定属于背景。

（5）随机投影分类器

随机投影过程简单高效，非常适合对未知类型候选样本进行快速分类。因此在本章提出算法中，通过方差滤波器和随机蕨分类器的候选样本将通过图 7-10 所示的随机投影分类器最终判定候选样本的类别。由图 7-10 可知，随机投影分类器与随机投影跟踪中的目标检测过程基本一致。不同的是，将目标在当前帧的位置定义为：

$$\min_i \text{rank}(A_1, A_1, \cdots, A_1, v^i) = \min_i \parallel A_1, A_1, \cdots, A_1, v^i \parallel_*, i \in [1, N]$$

$$(7\text{-}41)$$

式（7-41）中，i 表示通过方差滤波器和随机蕨分类器的候选样本索引，N 表示候选样本总数。最后，满足式（7-41）的候选样本即为检测模块的输出［图 7-10(c)蓝色矩形框］。

7.1.3　位置估计

在第 t 时刻，按照前述步骤已经获得跟踪模块输出 R_t，检测模块输出 D_t，位置估计模块根据 R_t 和 D_t 获得目标在 t 时刻的最终位置 B_t。当跟踪模块输出 R_t 被验证有效时，目标在第 t 时刻的最终位置 $B_t = R_t$，其他条件下目标在第 t 时刻的最终位置 $B_t = D_t$。

7.1.4　学习模块

学习模块实现随机蕨分类器和随机投影分类器在线模型的初始化和更新。由于随机投影分类器在线模型的更新方式与第 5 章一致，此处不再赘述。

与初始帧中目标船舶区域重合度大于 Thr_1 的图像区域作为训练随机蕨分类器的正样本，对应地，重合度小于 Thr_2 的图像区域作为训练随机蕨分类器的负样本。由于满足上述条件的负样本数目显著多于正样本，因此随机选取与正样本数目相等的负样本对随机蕨分类器进行初始化。在第 t 时刻，当跟踪结果 B_t 被验证有效时，根据时空结构约束进行学习以实现对随机蕨分类器的更新。具体做法是：将被随机蕨分类器错误分类的图像区域修改类别标签后加入随机蕨分类器训练样本，错误分类样本包括两类，一类是与 B_t 重合度大于 Thr_1 但被随机蕨分类器判定为负样本的图像区域，另外一类是与 B_t 重合度小于 Thr_2 但被随机蕨分类器判定为正样本的图像区域。更新训练样本后,便可以按照式(7-38)更新随机蕨分类器。

7.2 算法分析

从类别上来说,本章设计的内河船舶跟踪算法属于基于检测模型的判别跟踪算法。但与传统判别视觉跟踪算法中 Tracking-by-Detection 策略(简称 T-by-D 策略)明显不同的是,本章提出的算法采用的是 Tracking-and-Detection 策略(简称 T-and-D 策略),即跟踪模块、检测模块协同执行,目标的最终位置由跟踪模块、检测模块的输出共同决定。当跟踪模块发生漂移时,检测模块的输出带有丰富的启发性信息,实现对跟踪模块的重新初始化。特别地,在内河场景中,目标船舶运动过程中可能会频繁经历背景杂乱、尺度变化和光照变化等干扰,跟踪模块、检测模块都有可能出现错误,学习模块根据无约束视频流的时空结构约束捕获跟踪模块和检测模块的错误,更新相关参数以防止同类错误再次发生,从而实现对目标船舶的长时间鲁棒跟踪。

本章提出的算法和文献[5]都是在受 TLD 算法[6] 启发下设计和实现的,但是与其他两种算法存在明显的不同:①跟踪模块的设计有所差异,主要体现在对局部跟踪器有效性的判别准则和设计的转换模型上。提出的特征值约束条件能够很好地保留基于图像角点的局部跟踪器跟踪结果的同时,其计算量远比文献[5,6]中的归一化相关系数 NCC 小,因此可以采用该条件对局部跟踪器跟踪结果进行准确、高效的评估。基于 FT 思想设计的局部跟踪器转换模型充分利用了局部跟踪器相邻时刻运动一致性的特点,很好地描述了目标局部区域运动状态的变化。②在目标检测过程中,文献[5,6]所述算法将对整幅图像以网格形式依次扫描以探测目标船舶在当前帧的位置。由于在实际内河船舶图像序列中,鲜有目标船舶运动出摄像头视觉范围之外后又重新移入视觉范围的情况,因此实际上无须在整幅图像中全局搜索目标船舶。基于上述观察,提出利用跟踪模块的输出到在线模型的距离动态地决定检测模块的目标搜索范围。跟踪模块的输出提供了丰富的表征目标船舶经历干扰(遮挡、尺度变化、背景杂乱)程度的度量,因此本章提出的算法能够根据目标船舶运动过程中经历干扰的程度自适应地调整搜索范围,使检测结果更加准确。与此同时,在大多数情况下,基于上述策略的目标搜索范围将显著小于全局搜索情况,因此将显著降低检测阶段候选样本的数量从而提升检测效率。③利用积分图技术可以快速实现方差滤波器,进一步提升了算法效率。④在文献[5,6]中,由于目标定位与分类任务的不一致性,导致目标检测模块输出多个局部最大值,即级联检测器的输出可能包含多个目标候选区域,因此还需通过效率较低的非最大抑制等手段去判定最优局部最大值。与此相反,第 6 章提出的低秩约束随机投影跟踪算法简单高效,判别性高,与此同时,目标在线模型通过学习模块的适时更新确保低秩约束投影跟踪算法能够准确地适应目标船舶在运动过程中的外观变化,因此本章采用随机投影分类器作为级联检测器的最后一级对候选样本进行评估和决策。

本章参考文献

[1] WENDEL A,STERNIG S,GODEC M. Robustifying the flock of trackers[C]// 16th Computer Vision Winter Workshop. Citeseer,2011:91.

[2] LUCAS BD,KANADE T. An iterative image registration technique with an application to stereo vision[C]// International Joint Conference on Artificial Intelligence. Morgan Kaufmann Publishers Inc. ,1981:674-679.

[3] ALMOMANI R, DONG M,LIU Z. Learning good features to track[C]//International Conference on Machine Learning and Applications. IEEE,2014:373-378.

[4] VILLAMIZAR M, MORENO-NOGUER F, ANDRADE-CETTO J,et al. Detection performance evaluation of boosted random ferns[C]//Pattern Recognition and Image Analysis. Springer Berlin Heidelberg,2011:67-75.

[5] 周雅琪. 结合滤波理论的内河视频序列船舶 TLD 跟踪算法研究[D]. 武汉:武汉理工大学,2013.

[6] KALAL Z, MIKOLAJCZYK K,MATAS J. Tracking-Learning-Detection[J]. IEEE Transactions on Pattern Analysis and Machine Intelligence,2012,34(7): 1409-1422.

8 实验对比及分析

为了更直观地比较各种系统的性能,本节将对前面第 3 章到第 7 章介绍的 5 种内河船舶跟踪算法(分别标记为 Mean Shift,MIL,CT,LRCT,LSTLD)在第 1.4 节介绍的内河船舶视觉跟踪数据库中进行综合性对比实验,实验环境是 Intel(R)Xeon(R)CPU E5-2670 v22.5 GHz(20 核),64G 内存,8T 硬盘。表 8-1 统计了 5 种算法的实现方式及 FPS,表 8-2 列出了实验所采用的内河船舶视觉跟踪数据库中部分 CCTV 图像序列的属性。

表 8-1 算法实现方式及 FPS

算法	实现	FPS
Mean Shift	Matlab	14.2
MIL	Matlab	21.3
CT	Matlab	65.4
LRCT	C++	41.3
LSTLD	C++	24.7

表 8-2 部分 CCTV 图像序列属性

	分辨率	长度	背景杂乱	光照变化	低质	遮挡	尺度变化
CCTV_5	484×326	403	Y	N	Y	N	N
CCTV_19	484×326	377	N	Y	N	N	Y
CCTV_55	1124×626	77	Y	N	N	N	Y
CCTV_144	1018×566	367	N	N	N	N	Y
CCTV_153	1124×626	152	Y	N	N	Y	N
CCTV_158	1018×566	250	N	N	N	N	Y
CCTV_163	1018×566	224	N	N	Y	N	Y
CCTV_169	1034×572	236	Y	N	Y	N	Y
CCTV_172	1034×572	230	Y	Y	Y	N	Y
CCTV_180	942×568	105	Y	N	N	N	Y

8.1　参数设置

实验参数采用相应文献中推荐的默认参数。在 LRCT 中,船舶运动状态 $s_t = \{x_t, y_t, w_t, h_t\}$,动态模型参数 $A = I$,状态初始标准差设置为 $\sigma_{x_t} = \sigma_{y_t} = 2.5, \sigma_{w_t} = \sigma_{h_t} = 0.1$。在 LSTLD 中,跟踪模块的局部跟踪器按 10×10 大小均匀布置,$\theta_{FB} = 8, \lambda = 0.25, \eta = 0.75$;在线模型 M 中包含的船舶图像块数目 $n = 50$,相似性阈值 $Thr = 0.75$;在随机蕨分类器中,$M = 10, S = 13, \zeta = 1$;学习模块中 $Thr_1 = 0.7, Thr_2 = 0.3$ 。上述实验参数在实验过程中始终保持不变。

8.2　评价指标

与视觉跟踪领域通用做法一致,采用中心位置误差和重合率两种指标对跟踪算法准确性进行评估。参见前面第 1.3.3 节,运用公式(1-5)及式(1-6)进行相关计算。

将跟踪算法按照图像序列初始帧标定位置执行完整个图像序列并计算平均准确率、成功率的评估方式称为"一次性通过评估"(One Pass Evaluation, OPE)。考虑到跟踪算法的性能对目标的初始化过程非常敏感,本章实验除了采用 OPE 评估方式外,还采用时间鲁棒性评估(Temporal Robustness Evaluation, TRE)和空间鲁棒性评估(Spatial Robustness Evaluation, SRE)比较各算法对目标初始化过程的敏感程度。

除中心位置误差和重合率两种准确性评估指标外,采用 FPS[Frames Per Second,为单位时间(秒)内算法处理的图像帧数]指标对内河船舶跟踪算法的实时性能做定量评估。

8.3　定性实验结果及分析

在无干扰或干扰较弱图像序列[图 8-1 (g)、(h)、(i)、(k)、(m)]中,各算法性能差异不大,包括 Mean Shift(图中简写为 MShift)在内的跟踪算法基本都能实现对目标船舶的准确跟踪。主要原因是上述序列中前景和背景颜色特征差异明显,基于颜色直方图迭代计算 Mean Shift 向量寻找概率密度梯度的方式能够在当前帧准确定位目标船舶区域。其次,在上述图像序列表现较优也说明 Mean Shift 相关参数设置确定的迭代终止条件下能够收敛到稳定位置。与此相反,在图 8-1 (b)、(c)、(j)所示的图像序列中,Mean Shift 算法发生明显跟踪漂移的原因是相关参数设置不利于目标船舶的定位,导致跟踪结果不稳定;在图 8-1 (d)、(e)、(f) 所示的图像序列中,Mean Shift 算法较其他算法表现较差的原因是颜色直方图描述的目标模型和候选目标模型判别性能较低,无法通过巴氏系数进行有效评估。MIL 在绝大部分图像序列[图 8-1 (c)、(l)、(o)]中表现都要优于 Mean Shift 算法,说明在这些序列中基于包似然函数的目标函数能够有效定义前景和背景的决策边界。然而在图 8-1 (b)、(d)所示的图像序列中,MIL 不能准确实现鲁棒船舶跟踪的原因是多实例特征选择策略无法有效选择对跟踪有利的判别特征,导致外观模型误差累积,这种现象在图 8-1 (a)所示的图像序列(目标船舶运动过程中同时经历低质图像、背景杂乱和尺度变化干扰)下表现尤为明显。

　　整体而言,在图 8-1 所示的几乎所有图像序列中,CT、LRCT、LSTLD 算法跟踪结果要优于 Mean Shift 和 MIL 算法,充分说明随机投影理论有效地确保了原始信号中冗余信息的剔除和判别信息的保留。图 8-1 (b)所示的图像序列中,目标船舶在运动过程中经历低质图像和尺度变化干扰,LRCT 和LSTLD 算法表现优于 CT 算法(如♯0019,♯0042),主要原因是 CT 算法外观模型中缺少对目标船舶运动模型的有效描述,导致跟踪结果发生延滞现象(如♯0059)。这类现象在目标船舶运动模式相对复杂时表现得更加明显:图8-1 (c)所示的图像序列中目标船舶运动速度较快时,CT 算法跟踪结果不够理想(如♯0359);图 8-1 (f)所示的图像序列中对岸建筑物、山丘的存在使得图像背景区域极为杂乱,再加上目标船舶运动过程中尺度变化、运动模糊等干扰,使得 CT 跟踪结果逐渐发生漂移(如♯0553)。在上述序列中,LRCT 算法能够实现鲁棒船舶跟踪的关键是利用相邻时间段目标船舶状态的差分实现对距离增益系数的预测,能够有效地适应目标船舶运动过程中的位移和速度变化[图 8-1 (c)中 ♯0207];LSTLD 算法表现较优的主要原因是级联检测器能够实现对目标船舶位置进行精定位[图 8-1(f)中♯0391]。图 8-1 (e)所示的图像序列中,当目标船舶经过桥梁下方时,由于光照变化造成的阴影使得绝大部分算法跟踪结果不稳定(如♯0242,♯0384)。更为复杂地,图 8-1 (d)所示的图像序列中目标船舶同时经历低质图像、尺度变化、运动模糊干扰,LRCT、CT、MIL、Mean Shift 跟踪算法均已产生不同程度的跟踪漂移,仅LSTLD 算法能够保持较为鲁棒的跟踪结果[图 8-1 (d)中♯0154,♯0207]。整

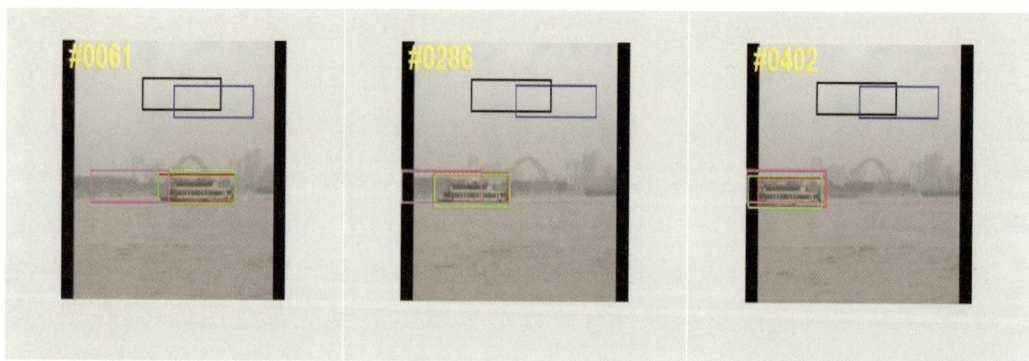

(a)

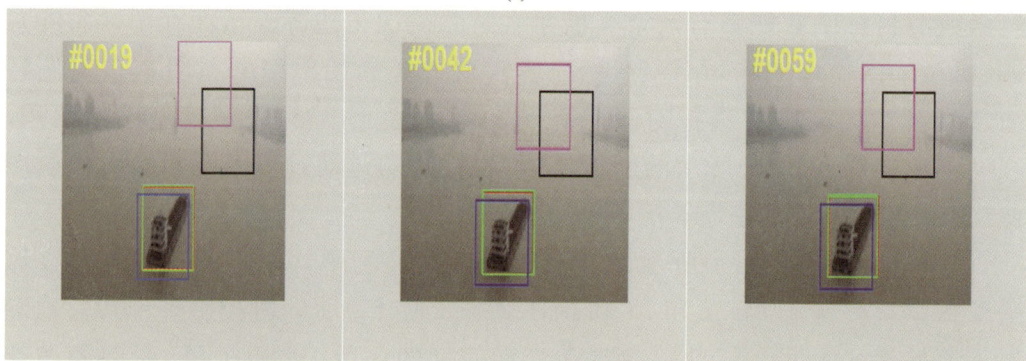

(b)

(c)

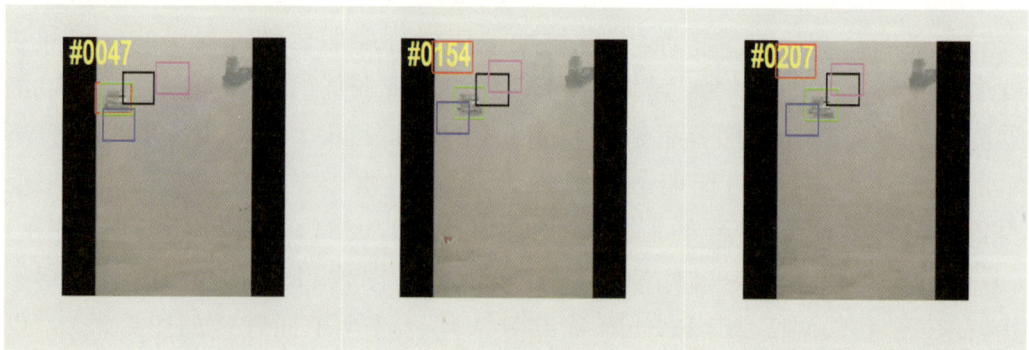

(d)

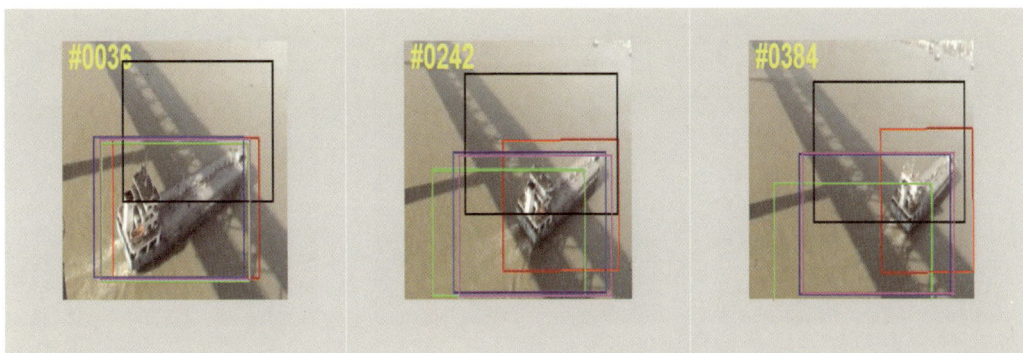

(e)

(f)

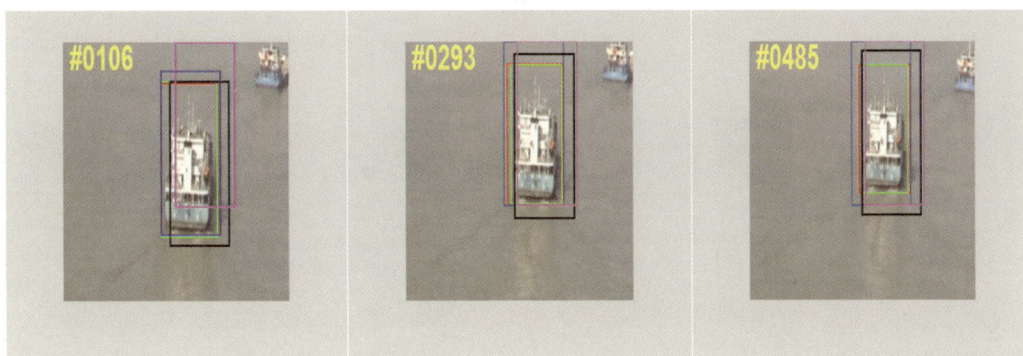

(g)

(h)

(i)

(j)

(k)

(l)

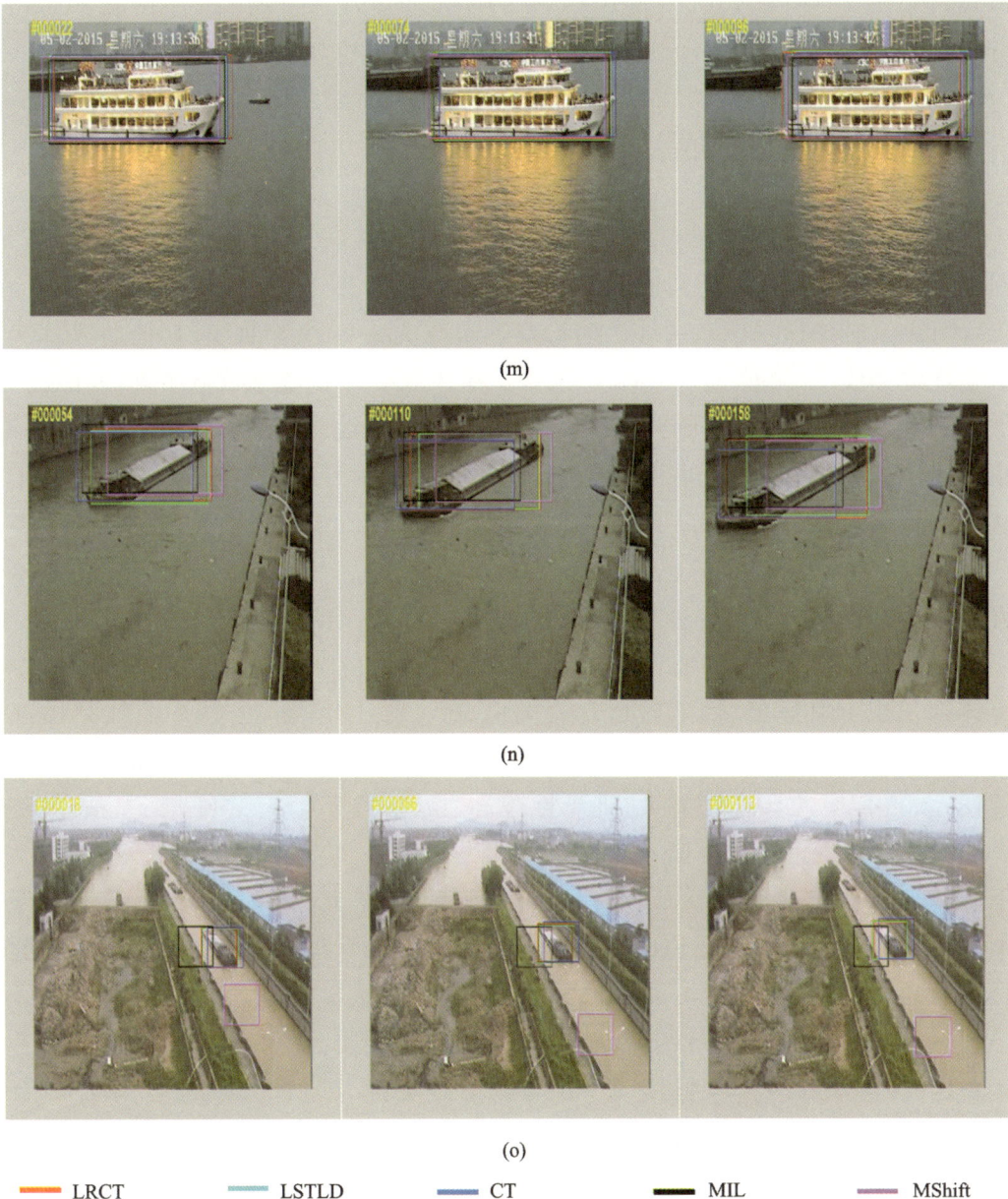

(m)

(n)

(o)

| ━ LRCT | ━ LSTLD | ━ CT | ━ MIL | ━ MShift |

图 8-1　不同跟踪算法具有代表性的跟踪结果

体而言,在图像质量差、背景杂乱、尺度变化干扰下各随机投影跟踪算法性能都较差,尤其是在上述干扰同时存在时随机投影跟踪算法容易发生跟踪漂移。另外,从跟踪结果稳定性而言,由于 CT 算法对目标和背景特征分布具有强假设条件依赖,导致跟踪结果往往不够稳定[图 8-1(a)中♯0061,♯0286,♯0402]。虽然 LSTLD 和 LRCT 算法在一定程度上降低了对数据先验分布假设的依赖,但两种算法中都包括若干随机过程,随机噪声的存在能够对跟踪结果造成不确定性影响[图 8-1 (n)中♯000110 和♯000158]。

8.4　定量实验结果及分析

图 8-2～图 8-7 展示了 5 种对比跟踪算法在 3 种实验类型(OPE,TRE,SRE)2 种评价指标(精度和成功率)下的性能曲线[图 8-2(a),图 8-3(a),图 8-4 (a),图 8-5(a),图 8-6(a),图 8-7 (a),以下简称为整体性能曲线,其他曲线称为干扰性能曲线]。具体地,图 8-2～图 8-4 描述的是不同实验类型的精度曲线,图 8-5～图 8-7 描述的是不同实验类型的成功率曲线。特别地,图 8-2～图 8-7 也展示了 5 种算法在不同实验类型、不同评价指标下对内河场景 5 种常见干扰[背景杂乱(Background Clutter)、光照变化(Illumination Variation)、图像质量差(Low Quality)、遮挡(Occlusion)及尺度干扰(Scale Variation)]的鲁棒性[见图 8-7 (b)～ (f)等]。

首先可以直观地发现,随着中心位置误差阈值(0～50)的增加,精度曲线整体都呈现上升态势;而随着重合率阈值(0～50)的增加,成功率曲线整体都呈现下降态势。这是由中心位置误差、重合率的定义所决定的,即对中心位置误差、重合率的容忍度越大,则精度越高、成功率越高,反之则相反。

其次不难观察到,在同一种评价指标下,各种算法在不同实验类型条件下性能通常会存在很大差异,但往往都服从以下规律:算法在 TRE 实验条件下的性能高于在 OPE 及 SRE 实验条件下的性能;算法在 SRE 实验条件下的性能最差[图 8-2(a)、图 8-3 (a)、图 8-4 (a)、图 8-5 (a)、图 8-6 (a)、图 8-7 (a)]。前者的原因是 TRE 实验条件下的图像序列都是 OPE 实验条件下的子集,而各种算法在较短图像序列中更容易表现更优。后者的原因是 SRE 图像序列是 OPE 图像序列经过平移和尺度变换获得,而跟踪算法本身无法对这些干扰进行有效估计,因此跟踪算法往往对初始化干扰非常敏感。

在整体性能曲线中,5 种对比内河船舶跟踪算法的排名顺序如出一辙,LSTLD、LRCT、CT、MIL、Mean Shift 算法分列第 1～5 位。可以明显地看到,融入随机投影理论的 3 种跟踪算法(LSTLD、LRCT、CT)在不同实验类型下的船舶跟踪精度和成功率都明显比 MIL 和 Mean Shift 算法高[图 8-2 (a)中 MIL 和 Mean Shift 平均精度分别为 0.269 和 0.217,明显低于排名第 3 的CT 算法的平均精度 0.372;图 8-5 (a)中 MIL 和 Mean Shift 平均成功率分别为 0.194 和0.145,显著低于排名第 3 的 CT 算法的平均成功率 0.272],充分

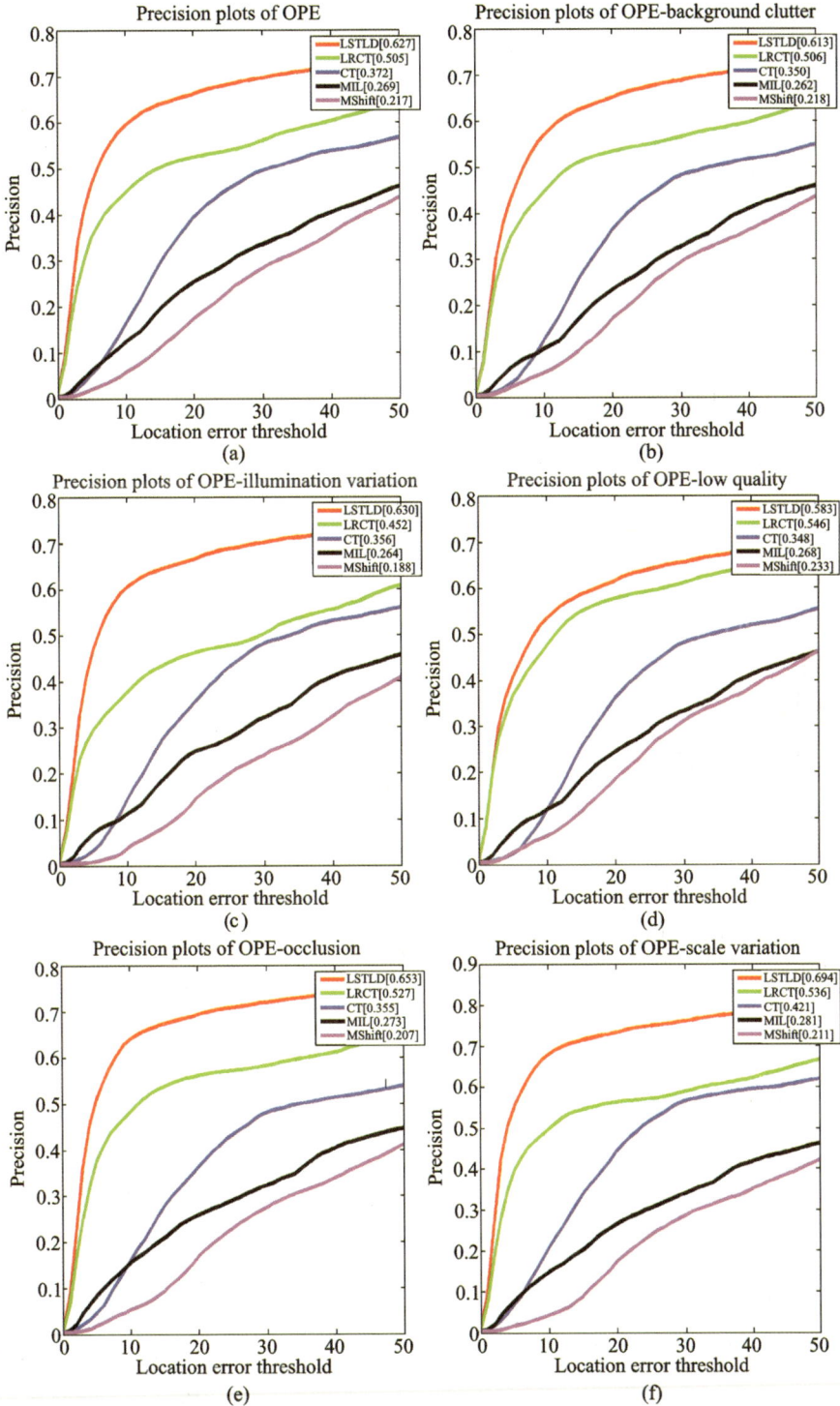

图 8-2 OPE 实验精度曲线

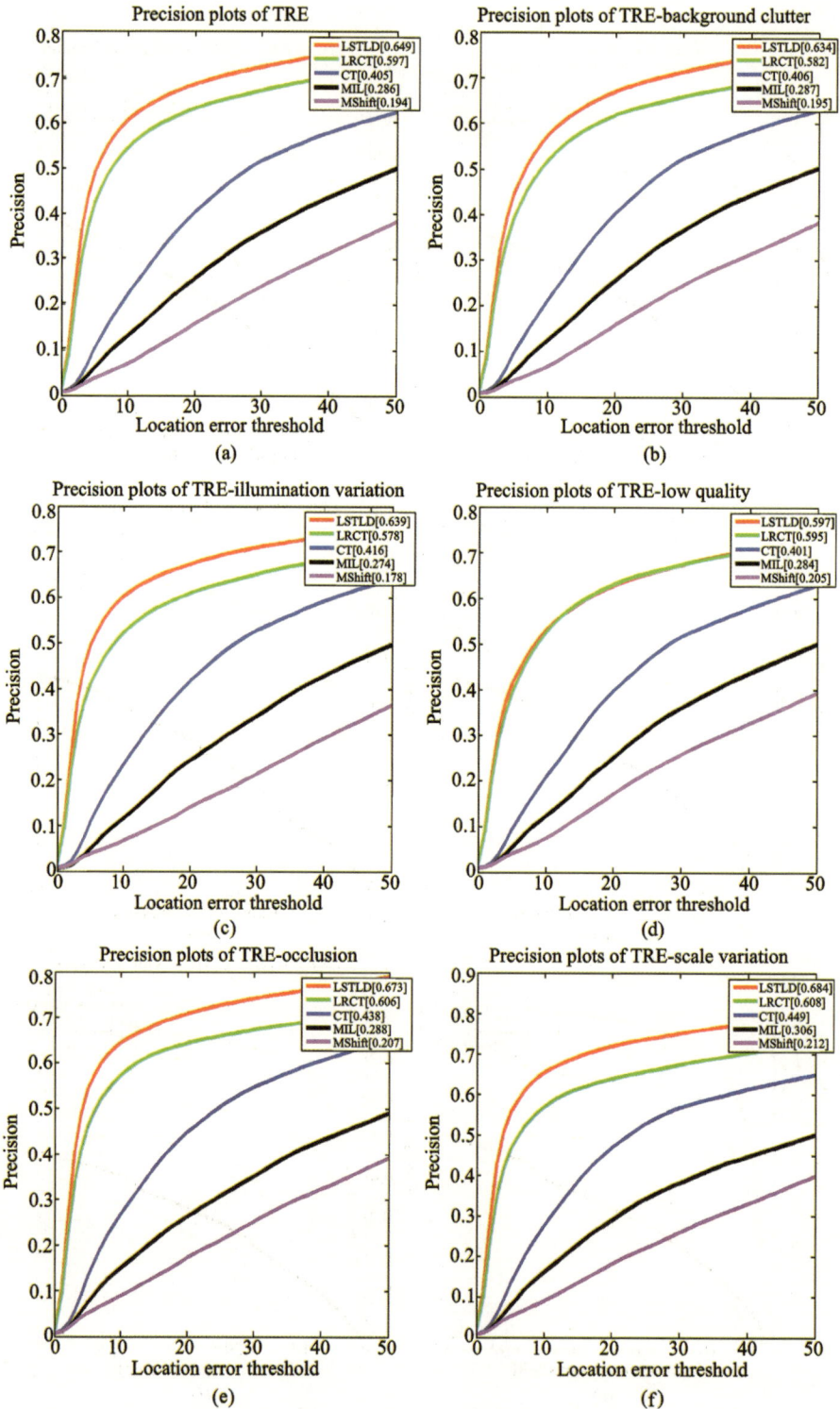

图 8-3　TRE 实验精度曲线

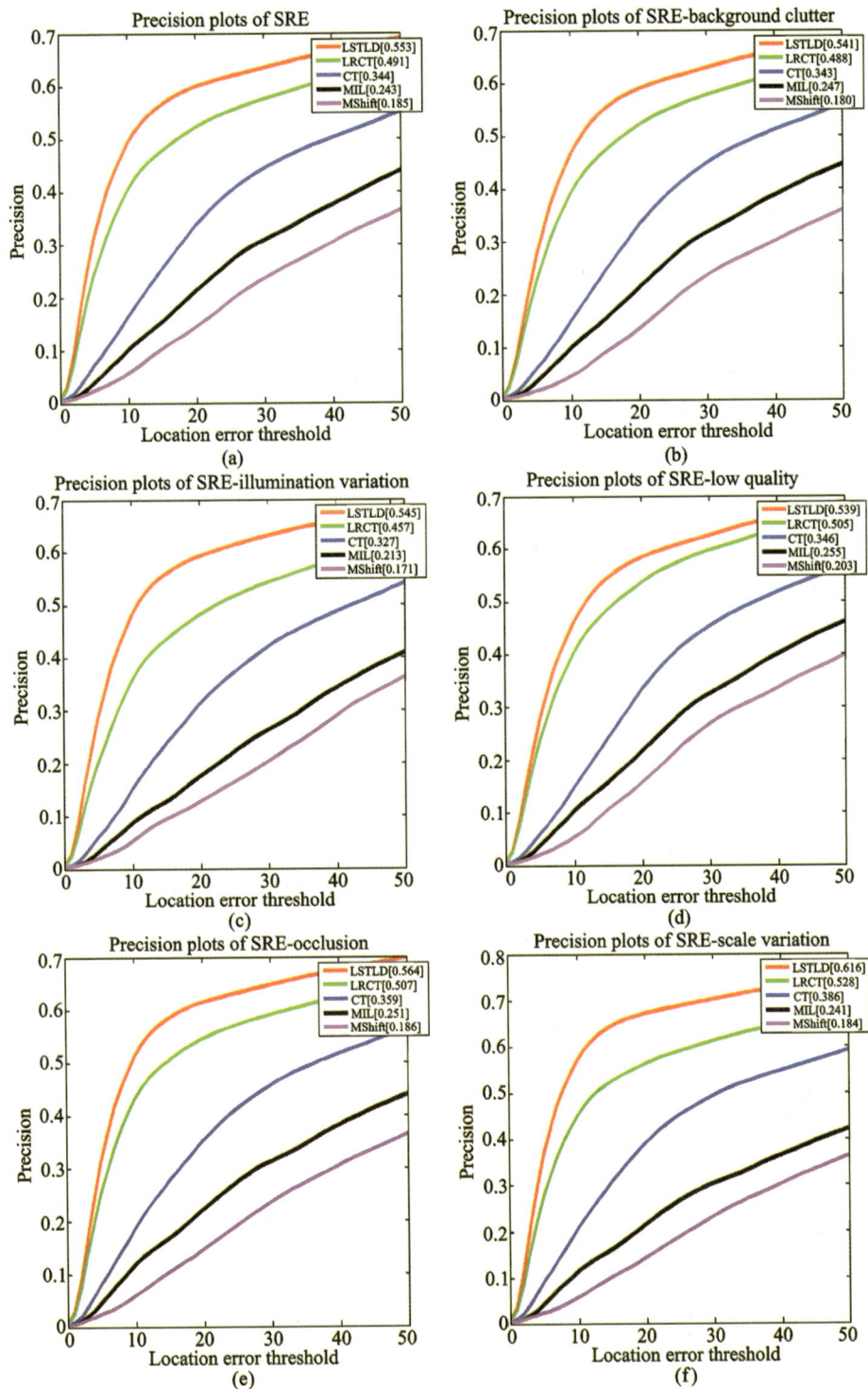

图 8-4   SRE 实验精度曲线

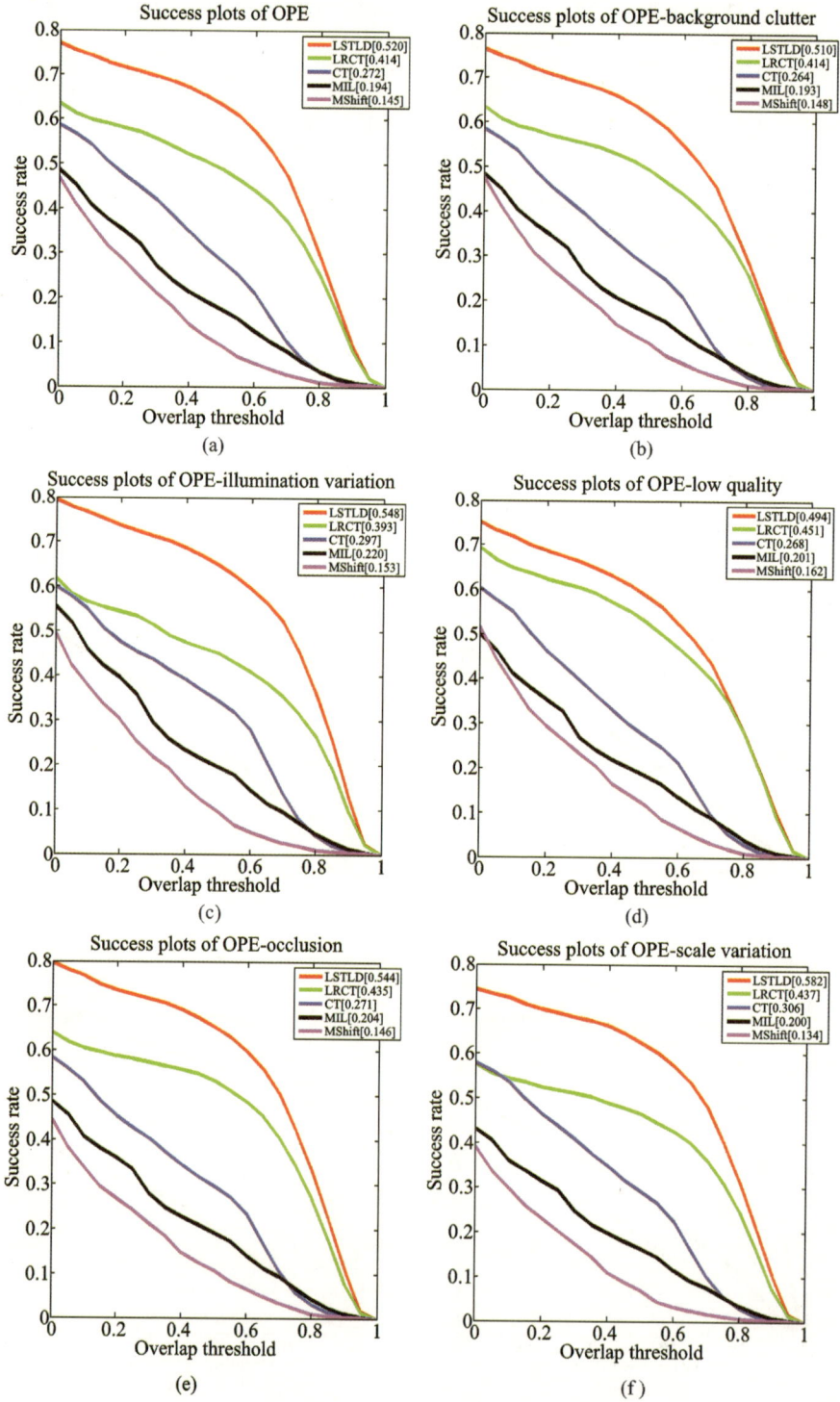

图 8-5　OPE 实验成功率曲线

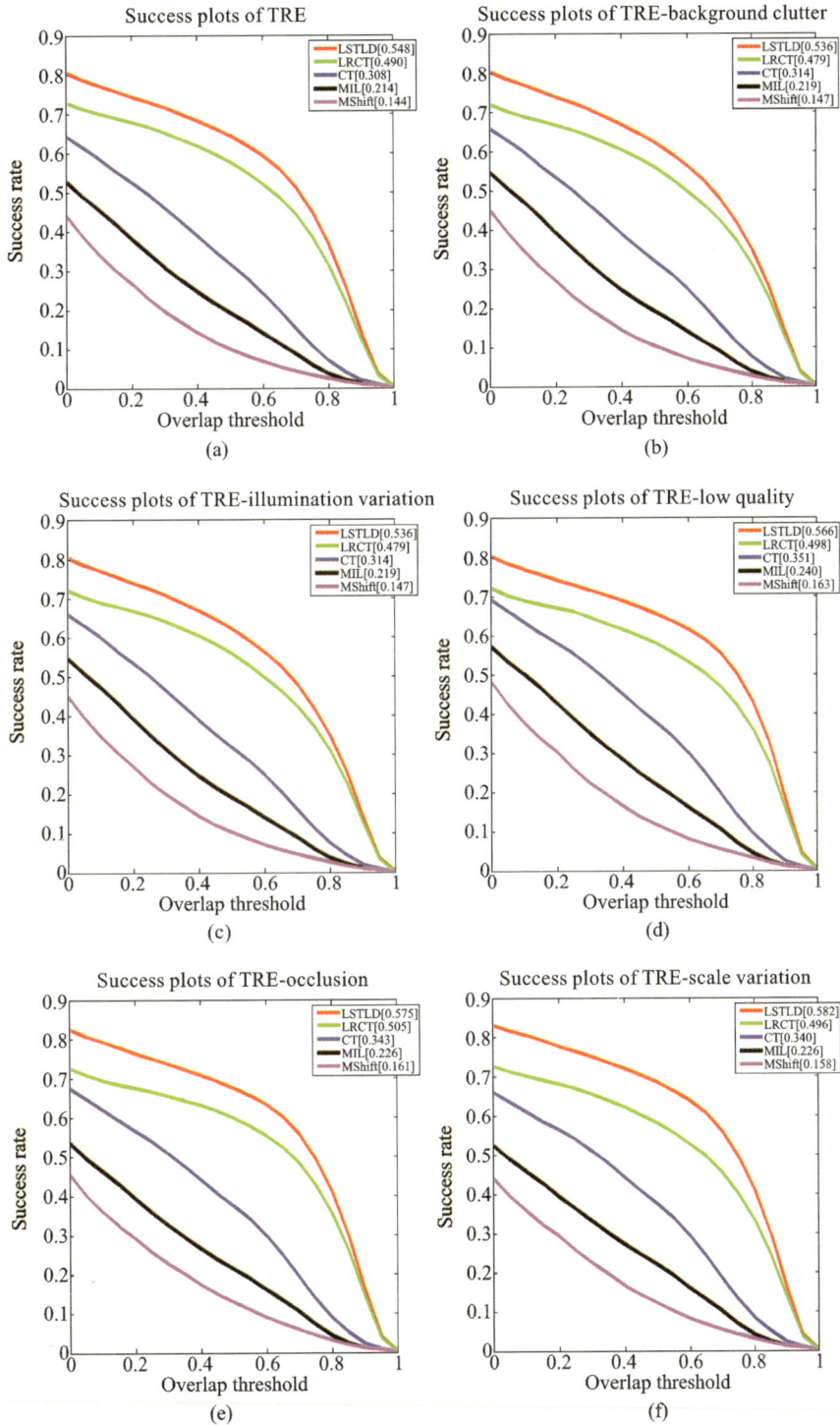

图 8-6 TRE 实验成功率曲线

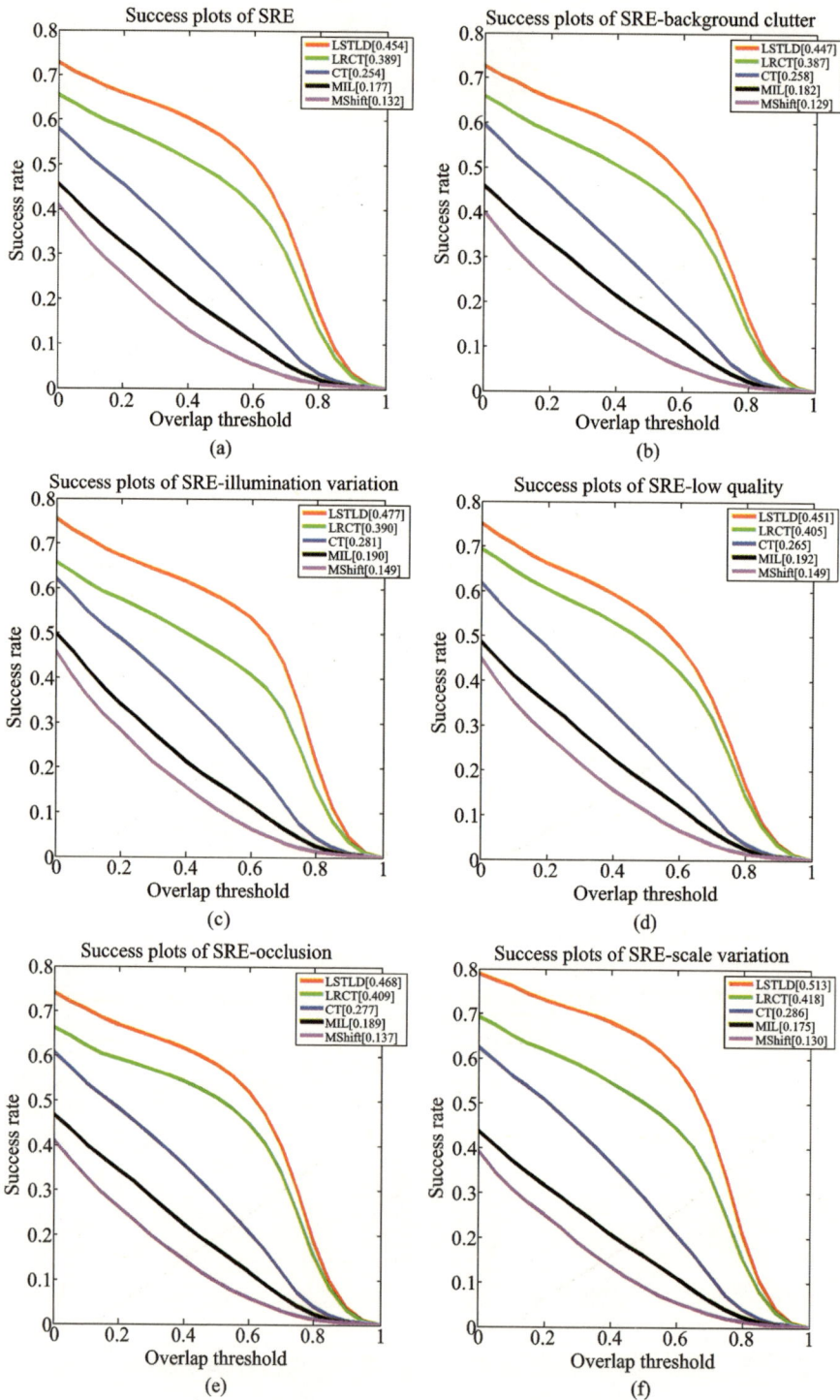

图 8-7　SRE 实验成功率曲线

说明随机投影理论有效确保了原始信号中冗余信息的剔除及判别信息的保留,这也与视觉跟踪领域相关文献中实验对比结果相吻合。Mean Shift 算法综合性能较差的原因是基于颜色特征的外观迭代模型在目标船舶发生外观变化时不够精确,尤其是当背景中存在与船舶颜色较为一致的图像区域时,Mean Shift 算法容易搜索到局部最优值而发生跟踪漂移。MIL 算法表现不佳的原因是基于包损失函数最小化的特征选择策略容易选择出判别性较低的特征,从而造成目标船舶模型的误差积累。进一步地,LSTLD 算法与其他算法相比表现出压倒性的优势。例如,在精度性能曲线[图 8-2(a)]中,LSTLD 算法平均精度达到0.627,远高于另外两种基于随机投影理论的内河船舶跟踪算法(LRCT 算法平均精度为 0.505,CT 算法的平均精度为 0.372)。在成功率性能曲线[图 8-5(a)]中,LSTLD 算法平均成功率为 0.520,显著高于排名第 2 的 LRCT 算法的0.414,比排名第 3 的 CT 算法的平均成功率 0.272更是高得多。LRCT 算法与 CT 算法相比表现出更强的竞争力,一方面表明了 LRCT 算法中正交实验方案、低秩约束随机投影观测模型的有效性,另一方面也表明了检测环节的准确性对内河船舶跟踪系统起着决定性的作用。与此同时,上述实验数据同时也证明了 LSTLD 中由方差滤波器、随机蕨分类器、随机投影分类器构成的级联目标检测器能够比 LRCT 算法中低秩约束随机投影判别模型更加准确和稳定。

在干扰性能曲线中,整体而言,在背景杂乱和视频质量低干扰条件下算法性能通常低于遮挡、尺度和光照变化干扰条件。例如,在图 8-2(a)OPE 实验精度曲线中,LSTLD 算法在背景杂乱和低质图像干扰的平均精度分别为 0.613 和 0.583,低于光照变化干扰下的 0.630、遮挡干扰下的 0.653 和尺度变化干扰下的 0.694;在图 8-7(a)SRE 实验成功率曲线中,CT 算法在背景杂乱和低质图像干扰的平均成功率分别为 0.258 和 0.265,低于光照变化干扰下的 0.281、遮挡干扰下的 0.277 和尺度变化干扰下的 0.286。这主要是因为在视频质量低和背景杂乱干扰下,能够深度刻画目标船舶的特征较难被提取和挖掘,导致构建的目标船舶运动模型无法准确定义前景和背景的决策边界。LSTLD 算法对背景杂乱和视频质量低干扰表现出较好的抗性,主要原因是检测模块利用统计、梯度、颜色、纹理特征构建的级联检测器对目标船舶位置进行精确搜索,能够更精确定位目标船舶。

在内河场景中,目标船舶在运动过程中与 CCTV 摄像头的相对位置关系通常都会发生改变,因此鲁棒的内河船舶跟踪系统应当能够适应目标船舶运动过程中的尺度变化。在 5 种对比算法中,MIL 和 Mean Shift 算法无法跟踪目标船舶尺度,因此跟踪成功率往往较低[如图 8-5(a)OPE 实验成功率曲线中 MIL 和 Mean Shift 算法的平均成功率分别为 0.194 和 0.145,图 8-7(a)SRE 实验成功率曲线中 MIL 和 Mean Shift 算法的平均成功率分别为 0.177 和 0.132,均显著低于其他对比算法]。CT 投影跟踪算法为了降低尺度干扰对跟踪性能的影响,采取的策略是将样本(包括候选目标区域样本及训练样本)与多尺度滤波器组进行卷积操作以获取不同尺度下的目标特征。实际上,多尺度滤波器组的最大尺度为第一帧中选定的目标大小,在目标运动过程中保持不变,致使 CT 投影跟踪算法无法适应目标尺度变化。这是因为:①若目标运动过程中尺度变小,则滤波器组中存在该尺度特征的矩形滤波器,因此提取出来的特征可以反映出目标的尺度变化。但是在运动目标尺度变小过程中,当前帧目标位置的跟踪框内将会包含越来越多的背景区域。跟踪框内目标区域的不断减少、背景区域的不断增多将会导致训练正样本包含有较多杂质,使分类器性能降低。更进一步地,使用朴素贝叶斯分类器对目标候选区域进行分类时极易发生误判,致使目标位置偏向背景区域。②若目标在运动过程中尺度逐渐变大(超过初始时选定的目标大小),目标自身相似性区域逐渐变大,亮度分布趋于一致。受矩形滤波器组最大尺度的限制,矩形滤波器只能提取目标的部分特征。分类器难以区分亮度分布相近的图像区域,会使目标位置在相似区域来回移动。目标越大,跟踪框越小,这种现象越明显。特别是当目标自身亮度分布与周围背景亮度分布相近时极易发生跟踪漂移。在经典控制领域,这种现象会引起控制系统震荡和发散,最终导致跟踪系统无法正常工作。LRCT 算法能够较好地跟踪目标船舶的尺度,主要原因有两个方面:一是基于贝叶斯框架设计的目标船舶动态模型充分考虑了目标船舶运动过程中的尺度变化;二是随机观测矩阵能够根据目标船舶初始化尺度大小的不同而进行自适应改变。LSTLD 算法对尺度干扰具有较好的鲁棒性则表明了目标船舶候选区域集合约束的有效性,同时也证明了级联跟踪与检测协同跟踪的优越性。

还有一点需要特别指出的是,图 8-2～图 8-7 中的数字是不同阈值条件下的平均值,这是对通用指标 AUC(Area Under Curve)的近似。以图 8-2(a)OPE 实验精度曲线中 MIL 和 CT 曲线为例,CT 和 MIL 算法平均精度分别为 0.355 和 0.273,是通过在不同中心位置误差阈值(0～50)下对算法的精度取平均值获得的,该数字能够在广义上对算法性能进行适当的描述。因此,除此数字外,还应特别关注曲线的陡峭程度(即斜率)。两种算法平均精度虽然相差无几,但以中心位置误差 10 像素为界时两者性能表现迥异。具体地,当中心位置误差小于 10 像素时,MIL 算法性能略优于 CT 算法;当中心位置误差大于 10 像素时,CT 算法性能远远优于 MIL 算法。因此,纵使 CT 图例数字高于 MIL,也不能说明 CT 算法性能一定比 MIL 算法性能更优。